조선통신사 옛길을 따라서

조선통신사 옛길을 따라서

부산문화재단 엮음

한울

큰 발자국을 따라서

강남주

   우리는 조선통신사의 옛길을 따라가고 있다.

   역사의 기록은 문헌으로 보존된다. 그것은 현재와 부단히 교섭하면서 빛을 발한다. 그러나 그늘에 묻혀 있는 역사도 있다. 구비전승을 포함한 전통문화가 그 범주에 속한다. 이들 그늘의 역사는 경우에 따라서 소멸의 위험성이 있다. 그렇게 되기 전에 온전히 보존하며 빛을 받게 해야 한다. 우리는 그와 같은 역사인식을 바탕으로 조선통신사의 큰 발자국을 따라 나서기로 했던 것이다.

   이런 소중함을 감당하기 위하여 지난 2년간 우리는 혼신의 노력을 쏟았다. 층위를 달리하는 또 하나의 진실이 바닷가 섬마을에서 빛바랜 소라껍질로 역사를 반추하고 있기에, 우리는 그런 섬과 마을을 돌았다. 조선통신사가 상륙했으며 문화를 나눠주던 곳, 몇백 년의 시공을 넘어 아직도 조선통신사의 숨결이 흐르고 있는 곳이었다.

   올해는 임진왜란 이후 평화의 사절로서 조선통신사가 일본을 방문한 지 400주년이 되는 해, 조선통신사는 일본 땅에서 무엇을 했을까. 섬과 갯 마을 현장답사는 여러 겹으로 싸여 있던 우리의 궁금증을 풀어주었다. 그런 내용을 엮어 한 권의 책으로 펴내기로 했다.

이 작업은 앞으로도 계속될 것이다. 이번에는 주로 조선통신사의 바닷길 행로를 더듬었지만, 앞으로는 육로도 따라갈 계획이다.

8월 염천, 작열하는 태양에 얼굴이 그을리고 먹는 일이 변변찮아도 섬과 바닷가를 누비며 답사에 심혈을 쏟아준 집필자에게 감사한다. 그들은 그늘 속의 역사를 양지에다 펴 보여주었다는 점에서 사관으로서의 소임을 다해준 셈이다. 그 소임의 막중함이 진행형임을 생각할 때, 우리의 긴장과 흥분이 아직도 가라앉지 않고 있음을 어쩌랴.

불황에도 출판을 맡아준 도서출판 한울에 감사한다. 중첩되는 조선통신사 문화행사 속에도 현장답사에 힘을 보태준 조선통신사문화사업회 여러분이 아니었다면 어찌 이 일이 역사의 제단에 자료로 봉헌될 수 있었을 것인가. 애써주신 여러분에게 감사하는 마음이 태산 같음을 밝힌다.

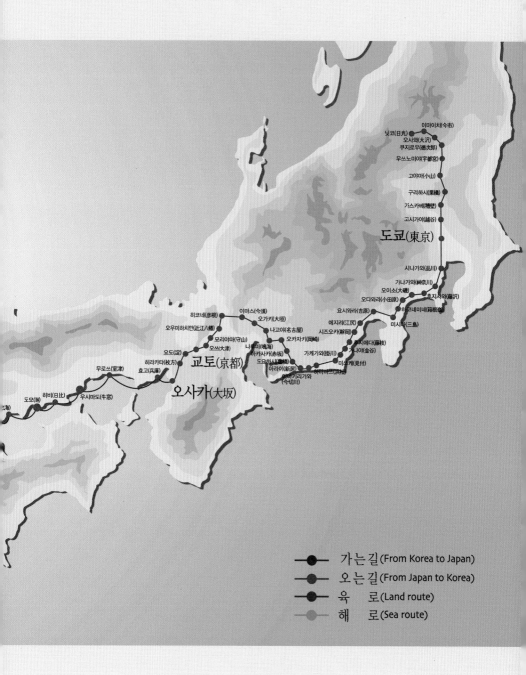

이마이치(今市)
닛코(日光)
오사와(大沢)
쿠지로우(徳次郎)
우쓰노미야(宇都宮)

고야마(小山)

구리하시(栗橋)
가스카베(糟壁)
고시가야(越谷)

도쿄(東京)

시나가와(品川)
가나가와(神奈川)
오이소(大磯)
오다와라(小田原)
요시와라(吉原)
에지리(江尻)
시즈오카(静岡)
히코네(彦根)
이마스(今須)
오가키(大垣)
오우미하치만(近江八幡)
나고야(名古屋)
모리야마(守山)
오쓰(大津)
나루미(鳴海)
오카자키(岡崎)
후지사와(藤沢)
하코네미네(箱根嶺)
미시마(三島)
후지에다(藤枝)
가케가와(掛川)
가나야(金谷)
미쓰케(見付)
요도(淀)
교토(京都)
히라카타(枚方)
아카사카(赤坂)
도요하시(豊橋)
이라이(新居)
이마기리가와(今切川)
하마마쓰(浜松)
무로쓰(室津)
효고(兵庫)
오사카(大坂)
히비(日比)
우시마도(牛窓)
도모(鞆)
海

가 는 길 (From Korea to Japan)
오 는 길 (From Japan to Korea)
육   로 (Land route)
해   로 (Sea route)

책머리에 | 큰 발자국을 따라서

제6장 통신사의 보물창고, 오카야마 현의 우시마도 _한태문

제1장

첫 상륙지, 국경의 섬 쓰시마

최화수

쓰시마는 한국과 일본의 사이에 위치하여,

역사·정치·문화적으로 징검다리 역할을 해왔다.

그래서 쓰시마는 한국과 일본 두 나라를 잇는 '무역상사' 였다.

쓰시마가 역사적으로 가장 기여한 것도 조선통신사를 통해서였다.

쓰시마는 마치 한국의 역사박물관이나 다름없다.

조선통신사 행렬 재현의 뜻은 그래서 더욱 빛나는 것이다.

첫 상륙지, 국경의 섬 쓰시마

1. 당일 해외 나들이

2006년 6월 28일, 1박 2일 일정의 쓰시마(對馬) 여행길에 올랐다. 1999년 11월 2박 3일 일정으로 이 섬을 처음 찾은 이래 다섯 번째 쓰시마 나들이였다. 지난해 8월 '조선통신사 옛길을 따라서' 기행 팀과 쓰시마를 찾은 데 이어, 올 8월 1~5일에 '조선통신사 옛길을 따라서' 기행 팀의 일본 본토 기행을 앞두고 조선통신사 사절단이 가장 먼저 기착했다는 사스나(佐須奈)항 등을 한 번 더 찾아보기 위해 개인적으로 쓰시마 기행에 나선 것이다.

부산항을 출발한 쓰시마행 쾌속선 '시 플라워' 호는 1시간 남짓 만에 쓰시마의 히타카쓰(比田勝) 항구에 닿았다. 일본출입국관리소 직원이 한국 관광객들에게 친절하게 입국신고서 작성 등을 도와주었다. 히타카쓰에서 전세차량으로 이즈하라(嚴原)로 이동하는 동안 곳곳의 역사 유적지 등을 돌아보고, 다음날 다시 히타카쓰로 돌아오면서 명소들을 찾아보았다. 부산으로 돌아온 필자는 ≪국제신문≫ "최화수의 세상 읽기"에 다음과 같은 글을 썼다.

이즈하라에서 TV를 켜면 1번이 한국 SBS 방송이다. 관광 명소마다 한글 간판에 버튼만 누르면 한국어 설명이다. '국경의 섬' 쓰시마는 요즘 한글, 한국말, 한국 사람이 넘쳐나고 있어 한국인지 일본인지 분간이 안 될 정도이다.

지난주 쓰시마를 찾았다. 장마 기간인데도 가는 곳마다 한국말이 요란했고, 한국인들로 북적거리고 있었다. 쓰시마는 한반도와 가까운 '국경의 섬', 부산에서 히타카쓰는 49.5km로서, 쓰시마~후쿠오카 134km보다 훨씬 더 가깝다. 필자는 귀국길에 '일일 장보기' 주부들을 만났다. 부산에서 히타카쓰로 가서 시장을 보고 당일로 돌아온다는 것.

부산 사람들이 당일로 쓰시마를 다녀오는 것은 장을 보고 오는 주부들만이 아니었다. 최근에 히타카쓰 항구에서 지척의 거리에 나가사나우 온천이 개발되었다. 쓰시마의 청정 자연과 온천욕을 즐기는 당일 쾌속정 나들이가 시작된 것이다. 이 나들이는 부산에 있는 일부 기업체의 수련회로도 각광을 받고 있다고 했다. 보험회사 등에서 직원들의 1일 연수를 이 코스로 한다는 것이다. '하루의 해외나들이', 부산에서 뱃길로 출발하는 하루 해외 단체 수련회가 쓰시마로 하여 가능해졌다.

쓰시마는 부산에서 제주도보다 더 가깝다. 쓰시마 북단의 와니우라(鰐浦)의 '한국 전망대'에서는 부산을 육안으로도 볼 수 있다. 이곳에서 부산의 야경을 선명하게 잡은 사진들도 걸려 있다. 필자는 지난 1999년 첫 방문 때 여기서 한국 휴대폰으로 부산의 친구와 통화를 했다. 지금은 전파 차단으로 통화가 잘 되지 않는다. 그렇지만 한국이 잘 바라보이는 인근 센보마키 산(千俵蒔山)에선 이번 방문길에도 한국과 휴대폰 통화를 할 수 있었다.

한국 전망대

2. 부산시 사스나 마을

　쓰시마에서 한국이 잘 보이듯이 부산 경남지방에서도 쓰시마가 잘 보인다. 서로 마주 바라볼 수 있는 가까운 거리에 있다 보니 한국과 쓰시마가 어째서 다른 나라로 다른 언어를 사용하며 살아온 것인지, 그것이 불가사의하게 생각되기도 한다. 사실 쓰시마는 오랜 세월에 걸쳐 역사적으로 우리나라와 불가분의 관계를 맺어왔다.

　쓰시마 북단의 가미아카다초(上縣町) 사스나는 조선통신사가 바다를 건너 처음으로 일본 땅에 발을 내려놓는 곳이었다. 전전(戰前)에는 이곳에서 부산을 오고가는 정기 선편이 있어 교류가 아주 왕성했다. 그래서 '부산시 사스나 마을'이란 별칭이 있을 정도였다. 영화가 최고 오락이던 당시 이곳 어부들은 잡은 고기를 배에 가득 싣고 부산으로 건너가 고기를 판 돈으로 생활용품을 사고, 그러던 영화 구경도 했다. 그들은 사스나로 돌아오면 부산에서의 영화 구경을 자랑했다. 부산 개봉과 날짜가 비슷한 후쿠오카에서 그 영화가 사스나까지 들어오는 데는 그로부터 두세 달이 걸렸기 때문이다.

이곳 출신의 향토사학자 나가토메 히사에(永留久惠) 씨는 나가사키 사범학교 학생 때 나가사키에서 열차로 시모노세키에 닿은 뒤 부관연락선을 타고 부산으로 건너가, 거기서 사스나행 정기선을 타고 집으로 왔다고 한다. 하카다(博多)로부터 이즈하라를 거쳐 사스나로 배를 타고 오는 것보다 부산을 경유하는 쪽이 시간도 절약되고 편리했기 때문이었다.

하지만 부산과 쓰시마를 연결하는 정기여객선이 다시 열리기까지 이 섬으로 가는 길은 의외로 멀기만 했다. 밀수선과 어선이 한국의 부산과 쓰시마의 이즈하라 등지를 내왕할 때도 일반 시민은 일본 본토 후쿠오카에 간 뒤 그곳에서 다시 쓰시마로 건너오는 배를 타야 했다. 가까운 섬을 멀리 돌고 돌아 찾아가야 했던 것이다. 이즈하라가 국제항이 된 것은 1997년, 이때부터 부산에서도 편리한 쓰시마 뱃길이 열렸다.

다시 그로부터 10년, 이즈하라를 비롯한 쓰시마 곳곳에는 한글, 한국말, 한국 사람들이 넘쳐나고 있다. 지난해는 쓰시마 전체 주민 3만 7,000명보다 더 많은 4만 명의 한국 관광객이 이 섬을 찾았다. 쓰시마의 공공기관 등 주요 시설마다 한글 간판이 있는 것은 물론, 관광지에도 버튼만 누르면 한국어 해설이 흘러나온다. 이즈하라에 새로 생긴 면세점 종업원 대부분도 한국에서 건너온 젊은 여성들이다.

3. 여름철 축제 셋

쓰시마에는 여름 한철 동안 세 가지 큰 축제를 벌인다. 그것도 '국경', '친구', '아리랑' 등 한국과 관련된 이름을 고유 명칭으로 쓰는 축제다. 지난 6월 28, 29일 이틀 동안 필자가 이곳을 찾았을 때에도 가미쓰시마(上對馬)의 도로변에는 '국경(國境) 마라톤' 축하 깃발이 촘촘하게 서 있었다. 한 주 앞으로 다가온 마라톤 대회를 앞두고 연습에 나선 이들이 '국경의 섬' 도로를 따라 줄줄이 달리고 있었다.

건강증진을 위한 한일교류 '국경 마라톤'이 매년 7월에 열린다. 쓰시마에서도 한국과 가장 가까운 곳, 더구나 국경의 거리인 가미쓰시마초에서 열리는 것이다. 올해로 열 번째 대회인 이 '국경 마라톤'은 3km 걷기부터 하프 마라톤까지 다양한 종목이 있는데, 한국 마라톤 동호인들의 참가율이 아주 높다. 한국에서 마라톤 붐이 일고 있기도 하지만, 이국 쓰시마에서 국경선(대한해협)을 바라보면서 달리는 감회가 남다르기 때문이다.

쓰시마의 미쓰시마초에서는 매년 8월 넷째 주 토요일 '친구음악제'를 열고 있다. 음악은 국경이 없는 만국 공통어인데, 한국과 일본 두 나라 젊은이들이 진정한 친구가 되고자 하여 음악제를 개최하는 것이다. 야외무대에서 한국과 일본의 뮤지션들이 출연하여 열띤 공연을 한다. 이 음악제의 절정은 마지막으로 출연자와 관객이 하나로 어울려 테마송인 '친구'와 '아리랑'을 한국 노랫말 그대로 합창하는 것으로, 두 나라 젊은이들은 진정한 일체감을 이루며 '교류의 장'을 한껏 넓히고 있다.

한국에도 가장 잘 알려진 쓰시마의 대표적인 축제는 무엇보다도 8월 첫째 주 토, 일요일 이즈하라에서 열리는 '쓰시마 아리랑 축제'이다. 처음에는 이즈하라초의 항구축제로 열리던 것이 지난 1980년부터 조선통신사

(朝鮮通信使) 행렬이 재현되면서 그 이름도 '아리랑 축제'로 불리고 있다. 한국에서 정사·부사·종사관 등 삼사가 참가하고, 취타대와 무용단, 사물놀이 팀 등이 출연하여 조선통신사의 기치였던 성신교린의 뜻을 한층 의미 깊게 부각시키고 있다. 한국인 관광객이 많이 몰려드는 것은 물론이다.

쓰시마를 상징하는 한 가지를 든다면 무엇일까? 아마도 조선통신사가 아닐까 한다. 쓰시마는 한국과 일본의 사이에 위치하여, 역사·정치·문화적으로 징검다리 역할을 해왔다. 그래서 쓰시마는 한국과 일본 두 나라를 잇는 '무역상사'였다. 쓰시마가 역사적으로 가장 기여한 것도 조선통신사를 통해서였다. 쓰시마는 마치 한국의 역사박물관이나 다름없다. 조선통신사 행렬 재현의 뜻은 그래서 더욱 빛나는 것이다.

4. 절해고도 쓰시마

쓰시마는 좁고 길쭉한, 새우처럼 생긴 섬이다. 남북으로 82km, 동서로 18km, 전체 면적은 708.25㎢이다. 더구나 이 섬의 88%는 표고 500~650m 정도의 산지이며, 산세가 험준하여 해안까지 200~300m 높이의 산들이 주욱 뻗어 있다. 평지가 적어 농작물을 경작할 땅도 거의 없는 쓰시마, 해안의 깎아지른 벼랑들로 하여 절해고도(絶海孤島)라는 느낌을 준다.

쓰시마는 한 마디로 자급자족이 어려운 섬이다. 예로부터 주민들은 해산물로 생계를 유지하면서 주로 배를 타고 '남과 북'으로 곡물을 구하러 다녔다. 여기서 '북'이란 우리나라 남해안 지역이고, '남'이란 일본 규슈를 뜻한다. 이런 자연적 환경 때문에 쓰시마는 왜구들의 소굴이 되어 우리나라를 1,000년이 넘도록 괴롭혀왔던 것이다.

쓰시마는 거리상으로는 한반도와 가까우면서도 예로부터 일본 땅이었다. 하지만 처음부터 일본의 중앙정부가 먼 변방인 쓰시마 주민들의 생계를 책임져 준 것은 아니었다. 그래서 삼국시대와 고려, 조선시대에 걸친 오랜 기간 왜구의 노략질이 계속되었다. 『삼국사기』에도 '삼도왜구(三島倭寇)'라 하여 쓰시마를 그 가운데 으뜸으로 꼽았다.

왜구의 한반도 침탈이 극심했던 것으로 고려 말기를 하나의 보기로 들수 있다. 이를테면 1223~1392년까지 169년 동안 왜구는 한반도에 무려 529차례나 쳐들어왔다. 특히 일본 중앙정부의 남북조 혼란기인 14세기 이후에는 대규모 왜구가 고려를 습격하여 온 나라를 황폐하게 만들었다. 고려는 쓰시마를 왜구의 본거지로 여겼다.

왜구의 침입은 조선시대에도 계속되었다. 조선 건국 직후인 1392~1443년까지 왜구 침입이 155차례나 있었다. 왜구들이 모두 쓰시마 사람은 아니었지만, 쓰시마 사람으로 확인이 되는 경우가 많았다. 참다못한 조선은 마침내 왜구를 직접 토벌하기 위한 무력 강경책을 구사하는데, 세종이 이종무에게 쓰시마 징벌을 명한 것이다.

1419년 6월, 이종무는 병선 227척에 1만 7,285명의 병력과 65일분의 식량을 싣고 거제도에서 출전한다. 이종무의 징벌군은 이틀째에 쓰시마의 아소 만을 공격하여 적선 130여 척을 사로잡았다. 이어 쓰시마 도주(島主)에게 항복하여 조선 교화에 응하라는 문서를 보냈지만 회답이 없어, 쓰시마 각지를 토벌하여 가옥 2,000호를 불태우고 왜구 100여 명을 죽였다.

1420년 윤1월, 쓰시마 도주는 이종무에게 군사의 철수를 간청하면서, 쓰시마가 조선 변경을 지키는 울타리를 자처하고 속주가 될 것을 요청해왔다. 조선은 쓰시마를 경상도에 예속시키고 모든 보고는 경상도 관찰사를 통해서 하도록 했다. 하지만 쓰시마의 속주화 문제는 사후 수습과정에서 일본 무로마치(室町) 막부[바쿠후(幕府)] 장군의 반대로 철회되고 말았다. 쓰시마가 한국 땅이 될 절호의 기회를 놓친 셈이다.

5. 조선의 동쪽 울타리

쓰시마 토벌 후 조선은 왜구를 달래어 조선에서 만든 통교 규정을 따르게 했다. 이렇게 하여 그들은 약탈자에서 합법적인 장사꾼으로 서서히 전환되어갔다. 우선 조선은 사자의 명칭을 띠고 오는 일본인을 '사송왜인(使送倭人)', 소금이나 어물을 사고팔기 위해 오는 쓰시마 인을 '흥리왜인(興利倭人)', 조선 연해를 침범했다가 투항한 자를 '투항왜인(投降倭人, 향화왜인)'이라고 하여 받아들이고 접대했다.

조선은 처음에는 이들을 어느 포구에서든 받아들였으나, 1426년 '삼포제도'를 실시하여 부산포와 염포, 제포만 개방했다. 조선의 삼포에는 쓰시마 사람들을 포함한 일본인들이 가족을 데리고 와서 상주하면서 무역과 어업에 종사하게 되었다. 또한 세종 23년(1441)에는 쓰시마 어선의 거제도 어로작업도 허락하기에 이르렀다.

조선은 또한 왜구를 종식시키기 위한 방안으로 '수직왜인(受職倭人)' 제도를 두었다. 왜구 단속에 협력했거나 왜구에 붙들려간 포로들을 찾아오는 자에게 벼슬을 주었다. 그들은 비록 실권은 없었지만, 이른바 '조공무역'을 할 수 있는 특권을 부여받았다. 세종 26년(1444)부터 1510년 사이 조선으로부터 관직을 받은 일본의 수직왜인은 모두 90명이었는데, 이 가운데 쓰시마 사람이 절반이 훨씬 넘는 52명이나 되었다.

왜구 금압 이후 조선에 오는 쓰시마와 일본인들의 숫자가 폭증하면서 그 접대비용이 쌀로 1년에 1만 석이 넘었다. 조선은 그들의 무질서한 입국을 막고자 '도항증명서' 제도를 실시했다. 쓰시마 사람은 쓰시마 도주의 서계(입국증명 공적 편지)를 지참해야만 입국을 허가했고, 그 나머지는 규슈 영주의 서계를 받아오도록 했다.

그런데 서계 가운데 가짜가 속출하자 조선은 이를 막기 위해 동인(銅印), 곧 도서(圖書)를 서계 발급자에게 주어 날인케 했다. 이것이 '도서제도'인데, 이 도장을 받는 사람을 '수도서인(受圖書人)'이라고 했다. 수도서인이 되면 1년에 몇 척이나 되는 배를 조선에 보내 장사를 하는 특권이 따랐다. 성종 2년(1471) 때 32명의 수도서인 가운데 쓰시마 사람이 23명으로 절대다수였다. 쓰시마 도주 소 요시토시(宗義智)도 수도서인이었던 것은 물론이다.

쓰시마 도주의 요청으로 '문인(文引)'이라는 제도가 1438년부터 시행되었다. 이는 도항증명서의 하나로, 조선에 건너가는 모든 배는 쓰시마 도주로부터 문인을 발급받아야 했다. 소 요시토시는 문인 발행에 대한 수수료 및 교역물품에 대한 세금을 바탕으로 쓰시마에서 권력을 강화해나갈 수 있었다. 조선으로서도 일본과의 대일창구를 소 씨 하나로 정리하는 것이 여러 가지로 편리했다.

조선은 쓰시마에 대해 일본의 각종 통교자를 통제하는 대가로 여러 가지 교역상의 특권을 주었고, 이에 따라 쓰시마 도주의 비중도 한층 더 커졌다. 세종 25년(1443)의 '계해약조'는 쓰시마 도주의 특권적 지위를 확고하게 보장하는 것이었다. 쓰시마 도주는 해마다 '세사미두(歲賜米豆)'라 하여 200섬의 쌀과 콩을 받았다. 또한 수도서인이었으므로 1년에 80척까지 무역선을 조선에 파견할 수 있었다.

6. 통신사에 목매달다

1591년 도요토미 히데요시(豊臣秀吉)가 조선 출병을 선언했다. 임진왜란과 정유재란의 엄청난 병화가 조선 땅을 처참하게 만들었다. 쓰시마는 어쩔 수 없이 이 침략전쟁의 선봉에 서서 길잡이 역할을 했다. 쓰시마 도주는 이 전쟁을 막고자 나름대로 애를 썼지만 역부족이었던 것이다. 쓰시마는 5,000명의 군사를 대라는 명령을 받고 섬 안의 16~55세의 모든 남자를 동원했지만 숫자가 모자라 다른 곳의 죄수를 데려와 보충하기까지 했다.

이 전쟁은 쓰시마에 엄청난 타격과 고통을 안겼다. 조선은 쓰시마에게 부여했던 교역 등 모든 특권을 끊어버렸다. 교역이 단절되고 세사미두 등 경제적 혜택을 일시에 잃게 된 쓰시마는 여자와 아이들만 남은 섬이 되고 말았다. 또한 이 섬이 조선 침략의 중간 병참기지였기 때문에 물적 수탈도 엄청났다. 전시 중 배라는 배는 모두 공출을 당해 해적질마저 할 방법이 없었다.

이때의 쓰시마 사람들의 생활상은 '갓난아이에 젖줄이 떨어진 꼴'이라고, 훗날 양국의 성신교린을 주창한 아메노모리 호슈(雨森芳洲)가 말하기도 했다. 아이들은 너무나 배가 고파 봄 들녘의 민들레 홀씨를 훅훅 불어 하늘로 날아 올리며 "날아라, 날아라. 멀리 조선까지 날아라. 조선까지 가설랑은 쌀을 가지고 오너라" 하고 노래를 불렀다고 한다. 이런 상태가 지속되면 쓰시마는 그야말로 자멸의 나락으로 떨어질 수밖에 없었다.

쓰시마는 자신들의 생명을 부지하기 위해 조선과의 거래 관계를 회복시키는 것이 무엇보다 급선무였다. 그들은 조선과 일본의 틈바구니에서 생명선인 무역을 하루 속히 부활시켜야 했다. 도요토미 히데요시가 정유재란 와중에 죽고 일본이 철수한 한 달 뒤인 1598년 12월부터 쓰시마는 조선과의 관계 회복을 위한 시도를 했다.

하지만 일본에 한 번 당한 조선의 태도는 얼음보다 더 냉혹했다. 쓰시마 도주의 친서를 가지고 오는 사자마다 모조리 죽여버렸다. 변변한 밭뙈기 하나 없는 쓰시마로선 살아갈 길이 막막했다. 다행히도 도요토미 히데요시에 이어 실권을 잡은 도쿠가와 이에야스(德川家康)가 쓰시마 도주 소 요시토시에게 조선과의 화해교섭을 은밀히 지시했다. 조선과 일본의 선린 관계를 맺기 위한 쓰시마의 필사적인 노력이 시작되었다.

1601년 2월 소 요시토시는 조선으로 사신을 보내 도쿠가와 이에야스의 침략행위에 대한 정중한 사과와 외교관계 회복의 뜻을 간청했다. 그러나 여전히 일본 침략에 대한 조선의 원한에 사무친 감정은 풀리지 않았다. 그 이후에도 쓰시마의 필사적인 노력이 이어졌다. 1604년 8월 20일 마침내 사명당 송운대사가 탐적사(耽賊使)로 쓰시마에 건너갔으며, 소 요시토시의 안내로 교토까지 가서 도쿠가와 이에야스의 아들 히데다다(秀忠)를 접견하기에 이르렀다.

사명당은 왜란 때 일본에 끌려간 우리 백성 1,400명을 데리고 귀국했다. 에도(江戶) 시대 200여 년 동안 성신교린의 상징인 조선통신사를 12차례나 파견하는 그 서막이었다. 하지만 조선통신사의 길을 여는 데는 아직도 쓰시마 도주의 엄청난 모험이 남아 있었다. 조선 조정과 일본 막부의 뜻을 사실대로 전하면 화해교섭이 깨질 수밖에 없었다. 그래서 양국의 국서를 모두 위조했다. 쓰시마 사람들이 굶어 죽지 않기 위해서는 목숨을 건 이런 막다른 선택도 하지 않을 수 없었다.

조선 조정은 선조 40년(1607) '회답 겸 쇄환사' *라는 사절단으로 정사 여우길, 부사 경섬, 종사관 정호관, 제술관 양만세 등 모두 500명에 이르는 일행을 일본에 파견한다. 이것이 1811년까지 장장 200여 년 동안 12차례에 걸쳐 파견되는 조선통신사의 역사적인 첫 출범이었다. 그것은 또한 쓰시마가 양국 외교의 징검다리가 되면서 다시 살아나는 생명선이자 번성을 하게 되는 활력소가 되는 것이기도 했다.

7. 머나먼 '선린의 뱃길'

조선통신사 문화사업회는 2005년 주요 사업의 하나로 '조선통신사 옛길을 따라서' 기행에 나섰다. 8월 4일부터 4박 5일 일정으로 국내 육로와 쓰시마에 새겨진 옛 선인들의 발자취를 따라 그들의 얼과 숨결을 다시 조명하는 뜻 깊은 나들이였다. 한국과 일본의 관계 전문학자와 사진작가, 기자, 조선통신사에 관심이 많은 일반인 등 30여 명이 17, 18세기 한국과 일본 양국의 문화교류 첨병의 족적을 따라가는 것이었다.

폭염이 쏟아지는 첫날, 대절버스 편으로 부산을 출발한 일행은 먼저 충주에 닿았다. 편의상 조선통신사에 대한 전별연(餞別宴)이 열렸던 충주 동헌(청녕헌)부터 찾았다. 이어 문경새재와 안동의 영호루, 밀양 사명당 생가와 새로 건립한 사명당 기념관, 부산 영가대(永嘉臺) 등을 찾는 국내 일정이 이틀 동안 이루어졌다. 영가대에서 무사안녕을 기원하는 해신제(海神祭)를 지낸 뒤 멀고먼 뱃길에 오른 통신사들을 생각하며 8월 6일 오전 기행 팀 일행은 '시 플라워' 쾌속선 편으로 쓰시마의 이즈하라로 향했다.

1719년 아홉 번째 통신사의 제술관으로 일본에 다녀온 신유한(申維翰)

* **회답 겸 쇄환사(回答兼刷還使)** 1607년에 도쿠가와 이에야스(德川家康)의 '국서(國書)'에 대한 회답과 임진왜란 당시 일본에 끌려간 포로들을 데리고 오는 일을 받아 일본에 간 사절.

의 기행록인 『해유록(海游錄)』을 통해 부산에서 뱃길에 나서던 상황을 엿볼 수 있다. 당시 통신사 일행은 서울을 떠나 32일 만에 부산에 닿았다. 부산에서 1개월여를 머물면서 먼 여로에 대비한 만반의 준비를 했다. 배를 탄 곳은 영가대였는데, 통신사 일행이 떠날 때마다 이곳에서 해신제를 올렸다.

영가대의 해신제는 엄숙한 제전이었다. 쓰시마에서 통신사를 인도하기 위해 영빈참판사 일행이 미리 부산을 찾아와 영가대 아래 정박해 있었다. 해신제가 끝나면 이들은 바람 부는 방향을 예측하여 출항 시기를 결정했다. 쓰시마에서 온 왜선 세 척이 선도하고, 세 사신이 나누어 탄 세 척의 배, 식량과 예물을 실은 종선 세 척 등 여섯 척이 동시에 떠났다. 또한 왜인 네댓 명씩을 태운 두 척의 거룻배가 사신의 배 양쪽에 마치 나래처럼 붙었는데, 느리고 빠름이 한 자도 틀리지 않았다고 한다.

부산을 떠난 통신사 일행이 일본 땅에 최초로 발을 딛는 곳은 쓰시마 서북단의 사스나였다. '부산시 사스나 마을'로 불릴 만큼 부산과 거리가 가까운 곳이다. '산봉우리들이 큰 가락지처럼 사방을 둘러싸고 있는데, 백 길이나 됨직하다'고 신유한은 『해유록』에 썼다. 좁고 깊숙한 만으로 마치 호수처럼 수면이 잔잔하다. 파도가 거친 와니우라 쪽보다 맑고 깨끗한 사스나의 아름다운 정경으로 통신사에게 안정감을 심어주려고 했던 것 같다.

관현고(管絃鼓) 소리가 장대하니 성하(星河)가 다 움직여 흔들거리고, 모든 배는 네다섯 개의 장대(長竿)에 큰 화등을 높이 달아 초승달을 대신한다. 포구에는 많은 왜인들이 배를 대자 마중을 나오는데, 그것만으로도 수십 척이 넘는다. 배마다 쌍등을 높이 밝혀 그 빛이 찬란한데, 불현듯 다가오는 듯하다가 다시 멀어진다. (중략) 산봉우리들이 사방을 둘러치고 있는 물이 마치 큰 따리 속에 갇혀 있는 것과 같은데, 그 높이가 아마 백 발은 족히 될 것이다.

신유한의 『해유록』 기록이다. 당시 사스나 포구의 민가는 30여 채였는데, 모두 그 지붕에 띠를 쌓아올려 그 정상을 높게 하니 마치 분(盆)을 엎어놓은 것 같았다고 한다. 『해유록』은 사스나 사람들의 인상을 재미있게 기록했다. '남자는 앞머리를 밀어 없애고 관(冠)은 쓰지 않으며, 복은 바지 없이 넓은 소매의 옷을 입고, 칼을 차고 무릎을 꿇고 앉는다. 여자는 높게 머리를 틀어 올려 묶었다'는 것이다.

통신사 일행은 다시 쓰시마 북단의 오우라(大浦)와 와니우라를 거쳐 동쪽 해안을 따라 내려오면서 니시도마리(西泊), 히타카쓰, 고토후라(琴浦), 사카, 고후나코시(小船越) 등에서 닻을 내렸다가 이윽고 이즈하라(嚴原), 당시는 후추(府中)에 도착했다. 쓰시마 도주가 배를 타고 홀연히 나오고, 세 사신은 의자에 기대앉아 기다렸다가 서로 마주보고 두 번 읍(揖)하는 예를 했다고 한다.

8. 조선 역사의 박물관

'조선통신사 옛길을 따라서' 기행 팀은 뱃길로 두 시간 남짓 만에 이즈하라에 닿았다. 숙소에 여장을 푼 뒤 일행은 쓰시마의 최남단 쓰쓰(豆酸)에 들러 미녀총(美女塚) 등을 둘러보았다. 쓰쓰는 일본 신화의 발원지로 유명하지만, 우리나라에서 건너간 신령들의 고장으로 일컬어지기도 한다. 섬의 끝인 쓰쓰자키(豆酸崎)는 바다 위에 점점이 떠 있는 암초와 등대 등이 하얀 포말과 함께 절경을 이루는 곳이기도 하다.

세이잔지

    8월 7일, 쓰시마에서의 둘째 날이다. 기행 팀은 이날 오전 이즈하라에 산재한 조선통신사 유적들을 둘러보았다. 고마쓰 가쓰스케(小松勝助) 쓰시마 역사민속자료관 전 학예사가 관련 유적에 대한 유인물을 미리 나눠주면서 일일이 현장해설을 해주었다. 조선통신사의 숙소로 이용했던 고쿠분지(國分寺)와 세이잔지(西山寺), 쓰시마 역사민속자료관과 이즈하라 향토관, 역대 쓰시마 도주의 묘역이자 조선통신사 관련 유물이 있는 반쇼인(万松院), 그리고 쇼주인(長壽院)에 있는 아메노모리 호슈의 묘 등을 찾아보았다.

    쓰시마 역사민속자료관의 조선통신사 행렬도, 그 입구의 고려문과 조선통신사비, 향토관 앞뜰의 '성신지교린(誠信之交隣)'이라 새긴 아메노모리 호수 현창비, 세이잔지에 옮겨놓은 초량 왜관 도코지(東向寺)에 안치되어 쓰시마인들의 객지생활을 위로했던 자그마한 석가여래상 등 눈길을 사로잡는 것들이 많았다. 특히 아메노모리 호슈의 묘와 세이잔지에 안치되어 있는 외교승 겐소(玄蘇)의 목상(木像)은 많은 여운을 안겨주었다.

조선 사정에 가장 밝고, 조선과 일본과의 우호관계에 크게 기여한 일본인이 곧 쓰시마 번(藩)*의 유학자 아메노모리 호슈였다. 20대에 쓰시마 번에 취직한 호슈는 평생을 이 섬에서 살면서 조선과 관계되는 일을 보았다. 그는 조선어를 배우기 위해 초량 왜관에 3년이나 유학한 적이 있고, 때로는 외교 현안을 다루는 사자가 되어 부산에 파견된 적도 있다. 또한 1711년에 일본에 파견된 조선통신사를 에도까지 수행했었다.

아메노모리 호슈가 이런 일들을 하면서 내린 결론은 일본과 조선은 '성신(誠信)'을 바탕으로 교제해야 한다는 것이었다. 조선과의 교제에 관한 지침을 밝힌 『고린테이세이(交隣提醒)』에 그 뜻이 잘 설명되어 있다. 그는 조선어 통역 양성을 위한 학교를 열었고, 일본 최초의 한국어 회화교재인 『고린슈치(交隣須知)』 등의 저서도 펴냈다. 물론 '성신'은 조선에서도 추구하던 외교 개념으로 초량 왜관 훈도 근무관사 옥호도 '성신당(誠信堂)'이었다.

겐소 또한 조선과 일본의 틈바구니에서 파란만장한 삶을 산 특이한 인물이다. 쓰시마의 외교승으로 초청된 그는 1589년 일본 국왕사(國王使)로 조선을 다녀갔는데, 1589년에는 가짜 국왕사로 조선을 찾아가 황윤길, 김성일을 일본에 파견토록 했다. 임진왜란 이후 겐소는 조선과의 화해 교섭에 앞장섰고, 1604년 사명당이 탐적사로 일본을 찾을 때 교토까지 안내했

---

* **번(藩)** 에도(江戶) 시대 다이묘(大名)의 영지나 지배조직 등의 총칭.

조선통신사비

반쇼인(万松院)

다. 1607년에는 조선통신사와 동행하여 에도까지 가서 국교회복에 큰 디딤돌을 놓았다.

쓰시마가 그들의 젖줄인 조선과의 통교에 결정적인 역할을 한 아메노모리 호슈와 겐소 두 인물을 본토에서 초청할 수 있었던 것이 행운이었다. 두 사람이 죽을 때까지 쓰시마를 떠나지 않고 봉사한 것도 쓰시마로선 축복이었던 셈이다. 이즈하라 시가지 곳곳에서 그들의 숨결을 느낄 수 있는 것은 당연하다. 시가지 전체가 조선통신사에 대한 역사박물관 역할을 하고 있는 까닭을 알게 해준다. 이즈하라의 조선통신사 사료들은 너무나 많아 일일이 열거하기조차 힘들다.

9. 쓰시마 종합무역상사

쓰시마 번주(藩主 : 지역의 영주) 가문 사람들은 에도 시대 무려 500명에 이르는 외교사절단인 조선통신사가 12차례나 일본을 다녀오는 행차에 있어 연출자나 다름이 없었다. 그들에게는 엄청난 노력과 수고가 따라야 했다. 통신사를 일본에 초청하는 것에서부터 기획을 세우고 사관(使館) 신축과 영빈로 주변 정비, 접대와 호위 대책을 세우는 등 엄청난 일을 해냈다.

조선통신사 일행이 에도를 왕복하는 동안 쓰시마 도주가 에도 막부와 긴밀한 연락을 취하면서 앞장서 안내와 경호를 맡았다. 통신사 일행이 무사히 귀국하면 쓰시마는 그 답례의 사절을 조선으로 파견했다. 통신사 사절단의 한 번 행차에 쓰시마는 적어도 3년 동안 매달려 전력을 쏟아야 했으니, 얼마나 힘이 들었을 것인지 짐작할 수 있다.

왜 그랬을까? 무엇보다 조선통신사의 왕래는 쇼군(將軍)이 일대의 성의

(盛儀)로 중시한 국가적 행사였다. 쇼군은 이 행사의 대조선 창구로 쓰시마 번주를 선택했다. 쓰시마 번주는 이 임무를 성공적으로 치러냄으로써 쇼군으로부터 능력에 대한 인정과 특수한 이익과 대우를 보장받았다. 쓰시마는 무엇보다 조일무역의 독점권을 누리고 있는 데 대한 정당성을 인정받고자 했다. 쓰시마가 살아남기 위해서는 그 길밖에 선택의 여지가 없었다.

쓰시마는 당시의 쇄국령하에서도 묵시적으로 치외법권적인 위치에 있던 유일한 번이었다. 쇄국령에는 일본인의 해외도항 금지령이 분명히 있는데도 쓰시마는 외국인 조선국 왜관에서 거래를 했고, 일본 곳곳에 물건을 팔아넘겨 막대한 이익을 남겼다. 부산 초량 왜관에는 쓰시마 사람이 500명씩이나 상주했고, 그들은 견습을 핑계로 자식들까지 불러들여, 많을 때는 왜관에 800명 이상이 기거했다.

쓰시마 도주는 조선통신사 행차를 연출하는 데 있어 많은 수고와 번거로움, 부담을 안아야 했지만, 그것을 자청해서 받아들였다. 막부의 대조선 외교 창구이자 '쓰시마 종합무역상사'의 역할을 할 수 있었기 때문이다. 또한 막부로부터 재정원조도 많이 받았다. 통신사가 한 번 행차할 때마다 금 5만 냥이나 3만 냥을 대여받았고, 마지막 조선통신사는 외교의례장소가 쓰시마로 바뀜으로써 유무상 원조를 금으로 11만 냥이나 받았다.

10. 조선통신사의 부활

이즈하라 시가지에는 항구에서 북쪽의 번주가 사는 사지키바라(棧原)까지 일자로 난 대로가 있는데, 이는 조선통신사를 맞아들이는 이른바 영빈로(迎賓路)이다. 에도 시대의 도로로 믿어지지 않을 만큼 넓은 길인데,

오늘날 자동차 도로로도 불편 없이 사용하고 있다. 이 도로 좌우 곳곳에는 에도 시대의 쓰시마 번 무사들의 집과 후추조(府中城)의 돌담, 특유의 방화벽 등이 옛 모습을 간직한 채 자리한다. 사절단이 이즈하라에 상륙했을 때는 어떠했을까? 500명에 이르는 조선통신사의 장엄한 행렬이 금방이라도 눈앞에 나타날 듯하다.

구경꾼들이 마치 고기비늘처럼 빽빽하게 늘어서 있다. 어떤 이는 마루에 앉아서 보고 혹은 발(簾)을 새로 엿보며 혹은 담 밖에 섰고 혹은 길 옆에 섰는데, 앉으면 반드시 꿇어앉고 서면 반드시 손을 모아 쥐며 감히 떠들거나 방자하게 노는 자도 없고 난간을 넘어 길바닥으로 나온 자도 없다.

— 신유한, 『해유록』

조선통신사 행렬은 지금도 결코 환상이 아니다. 이즈하라 시가지에는 '아리랑 축제'와 '조선통신사' 깃발이 함께 뒤덮고 있었다. 기행 팀은 오전 답사에 이어 오후에는 이즈하라 시청 앞 거리로 나갔다. 8월 염천은 지독했다. 그 무더위를 마다하지 않고 주민과 관광객들이 열을 지어 조선통신사 행렬이 나타나기를 기다리고 있었다. 드디어 취타대의 우렁찬 주악이 울려 퍼졌다. 그로부터 수많은 깃발 속에 무사들의 호위를 받으며 정사, 부사, 종사관의 행렬이 나아갔다. 이즈하라의 거리는 순식간에 에도 시대로 거슬러 올라갔다.

왜 '아리랑 축제'이며, 이 축제의 꽃은 조선통신사 행렬 재현인가? 조선통신사 행렬은 결코 단순한 이벤트가 아니라, 쓰시마의 역사를 재구성하여 보여준다는 데 진정한 뜻이 있다. 이날 조선통신사의 정사(正使) 역을 맡은 이는 지난날 실제 조선통신사 정사를 했던 조태억(1675~1728) 대사

쓰시마 아리랑 축제 조선통신사 행렬 재현

조선통신사 행렬 정사역 조태억 대사성의 9대손 조동호

성의 9대손 조동호 선생으로 한층 의미를 더했다. 이 행렬에는 현지 주민과 학생들 외에도 부산에서 참가한 취타대와 무용단, 사물놀이 팀 등이 분위기를 고조시키는 데 큰 역할을 했다. 한국 측 지원은 사단법인 조선통신사 문화사업회가 발족함으로써 효율적인 뒷받침을 하고 있다.

쓰시마는 일본의 변방이고 이즈하라는 아주 작은 항구이다. 그러나 일본의 60여 조선통신사 연고도시 가운데 가장 먼저 조선통신사 행렬을 재현했고, 그 규모도 다른 어느 곳보다 크다. 쓰시마는 에도 시대 200여 년 동안 조선통신사 행차의 연출자와 같았다고 했다. 현대에 와서도 쓰시마는 사람들의 기억에서 지워져 있던 조선통신사를 되살려냈다. 그것도 벌써 4반세기 전에 행렬 재현의 기치를 들었다. 쓰시마 이즈하라에서 이렇게 조선통신사 행렬이 부활하기까지에는 드라마보다 더 감동적인 삽화가 그 바탕에 있다.

11. 아름다운 인연의 숙명

1980년 3월, 재일 한국인으로 조선통신사 연구의 선구자인 신기수 선생이 쓰시마 역사자료관에서 한 편의 영화를 상영했다. <에도 시대의 조선통신사>라는 작품으로 일본 각지에 잔존하는 통신사의 유물과 서적, 회화, 축제로서 남아 있는 행사 등을 담은 것이었다. 영화를 보여준 뒤 신기수 선생은 "쓰시마의 옛날 사람들은 한일 교류에 훌륭한 업적을 남기고 있다. 자랑스럽게 여겼으면 한다"라고 말했다. 이 영화를 보고 크게 감동한 이가 있었으니, 그가 바로 쇼노 고자부로(庄野晃三朗) 씨였다.

쇼노 씨는 쓰시마 사람들에게 아주 자랑스러운 조선통신사의 행렬을 8

월의 '이즈하라 항구축제'의 메인이벤트로 재현하기로 결심했다. 그는 읍장과 상공회 회장을 설득하여 즉시 의상을 사러 한국으로 갔다. 또한 후쿠오카 한국영사관 총영사에게 정사 역으로 출연 제의를 하고, 한국무용단의 출연도 교섭했다. 1980년 8월, 첫 번째 조선통신사 행렬 재현에는 시청 직원과 현지청 나가사키 현 지청직원, 은행원과 가게 종업원 등 130명이 출연했다. 하지만 다음 행사부터는 출연자 교섭에 어려움을 겪었다.

이 통신사 행렬은 축제의 메인 이벤트였으므로 화려한 치마저고리 모습의 여성들이 꼭 필요했다. 일반응모로 모집했지만 인원이 모이지 않아 반강제적으로 은행원, 시청 직원, 가게 종업원들을 모아 참가시켰지만, 3회째부터 참가를 기피했다. 놀림을 받거나 덥고 부끄럽다는 말을 하기 시작했다. 부친에게 직언을 드릴 수 있는 사람이 나밖에 없어 '종업원이 참가하는 것을 그만두도록' 말씀드렸다. 부친은 '너는 내 마음을 모른다'며 노하시어, 마침내 부자간에 싸움이 벌어졌고, 부친이 돌아가실 때까지 부자간의 대화가 없어졌다.

쇼노 고자부로 씨의 아들 쇼노 신주로(庄野伸十朗) 씨의 증언이다. 부자간에 대화가 없어진 험악한 분위기에 종업원들은 마지못해 행렬에 참가했다. 쇼노 고자부로 씨는 주위에서 이런저런 비난을 했지만 개의하지 않고 5회 행렬까지 그런 식으로 치렀다. 하지만 그는 1985년 4월 타계하고 말았다. 아들 쇼노 신주로 씨는 축제와는 인연을 끊고 가업을 잇는 데만 전념할 생각이었다. 그런데 읍장이 찾아와 그에게 말했다. "재산만 이어받지 말고, 아무쪼록 아버지가 시작한 조선통신사의 일도 계승해달라." 쇼노 신주로 씨는 조선통신사 일을 이어받지 않을 수 없었다.

조선통신사 문화사업회 강남주 집행위원장은 1992년 고광철 부산관광

협회 전무이사의 쓰시마 출장길에 초청을 받고 처음으로 쓰시마를 찾았다. 문화 관계 교수의 동행을 필요로 했기 때문이다. 한반도와 가장 가까운 쓰시마의 구전 전승 설화 등의 조사를 목표로 정한 강남주 교수는 1994년 1월 후쿠오카 대학 외국인 연구원 자격을 얻어 일본으로 건너간다. 이렇게 하여 강 교수는 후쿠오카에서 쓰시마에 부지런히 드나들게 되었다. 아울러 해운회사를 운영하는 마쓰바라 가즈유키(松原一征) 사장, 쇼노 조선통신사 행렬 회장, 그리고 조선통신사에 큰 관심을 가진 니이 다카오(仁位孝雄) 나가사키 현 쓰시마 지청장 등과 두터운 교분을 쌓게 된다.

1994년 강남주 교수는 쓰시마에서의 조선통신사 행렬 재현을 처음으로 보았다. 그는 조선통신사를 보내준 한국에는 없는 이런 행사가 쓰시마에서 재현되고 있는 것에 놀라움과 함께 부끄러움도 느꼈다. 그는 한국에서도 조선통신사 부활 운동을 절감하고 귀국한 뒤 부산시장 등 주요 인사들과 이 문제로 접촉했다. 2001년에는 부산의 유수 언론사 대표, 국회의원 등과 함께 쓰시마를 방문하여 통신사에 대한 열기를 지켜보게 했다.

2002년 부산에서 조선통신사 문화사업회가 강남주 집행위원장을 중심으로 발족되었다. 또한 강 위원장과 조선통신사 문제로 절친하게 교분을 쌓아온 마쓰바라 사장은 전일본 조선통신사 연지연락협의회 이사장이 되어 한국과 일본의 조선통신사 부활운동을 사이좋게 이끌고 있다. 강 위원장과 마쓰바라 이사장은 조선통신사로 하여 '아름다운 인연과 숙명'을 안게 된 것이다. 2002년 이후 매년 조선통신사 문화사업회는 쓰시마의 통신사 행렬 재현에 정사, 부사, 종사관과 취타대 등을 보내는 등 지원을 아끼지 않고 있다.

통신사 행렬 재현이 끝나고 밤이 되면 화려한 불꽃놀이가 벌어진다. 마쓰바라 이사장은 바닷가에 자리한 자신의 회사 건물 옥상으로 한국에서

한국 무용단 공연

통신사 행렬 재현 후의 불꽃놀이

건너간 조선통신사 관계자와 일본 측 인사들을 초청하여 연회를 베푼다. 즉석에서 조리한 해산물과 함께 정담을 나누면서 불꽃놀이를 지켜본다. 마쓰바라 이사장과 강남주 위원장이 자리를 함께하는 것은 물론이다. 두 주인공은 이곳뿐만 아니라 조선통신사 행사가 열리는 곳이라면 서울에서 도쿄에 이르기까지 어디든지 언제나 자리를 함께한다.

12. 팔각정과 고래 이빨

'조선통신사 옛길을 따라서' 기행 팀은 8월 8일, 4박 5일 일정의 마지막 날을 맞았다. 이날 아침을 먹기 바쁘게 이즈하라를 출발, 전세버스 편으로 히타카쓰로 북상하면서 곳곳에 산재한 문화유적지들을 둘러보았다. 마지막으로 도착한 곳은 쓰시마 최북단, 날씨가 좋으면 부산이 바라보이는 한국 전망대였다. 이 전망대 바로 옆에는 기행 팀을 숙연케 만드는 큰 비석이 세워져 있었다. '조선국 역관사 조난 추도비(朝鮮國譯官使遭難追悼碑)'였다.

숙종 29년(1703) 음력 2월 5일, 청명한 아침에 부산을 떠난 한천석(韓天錫) 이하 108명의 조선 역관 일행은 저녁 무렵 쓰시마의 와니우라로 입항하고자 했다. 이들은 쓰시마 제3대 번주의 죽음을 애도하고 제4대 번주의 습봉을 축하하기 위해 파견하는 외교사절단이었다. 하지만 이들은 와니우라 항을 눈앞에 두고 갑자기 불어 닥친 폭풍으로 선박이 침몰하여, 전원이 숨지고 말았다. 조선 역관사 108명 외에도 안내를 맡았던 쓰시마 번사 4명도 운명을 함께하여 모두 112명이 희생되었다. 그래서 112개의 초석으로 비를 세웠다.

조선국 역관사 조난 추도비

　역관사 순국비의 바로 옆에 자리한 한국 전망대는 서울 파고다 공원에 있는 정자를 모델로 하여 팔각정으로 지었다. 이곳에서 불과 100리 남짓한 부산을 볼 수 있고, 특히 야경은 한층 더 선명하게 건너다보인다. 한국과 쓰시마가 얼마나 가까이 자리하는지 실감케 하고도 남음이 있다. 그런 한편으로는 역관사 순국비가 한국과 일본 사이 이 바다의 격랑이 얼마나 험난한지를 생생하게 증언해주는 것이기도 하다.

　한국 전망대에선 부산도 바라보이지만 바로 발 아래로 와니우라가 있고, 그 앞에 동서로 길쭉한 섬이 내려다보인다. 이 섬은 일본 해상자위대 레이더가 감시활동을 하고 있는 우니지마(海栗島)로, 천연의 방파제 역할을 한다. 그 넘어 바깥쪽에 문제의 '하에노하(南風波)의 암초'들이 줄지어서 있다. 폭풍이 몰아치면 암초들은 무서운 흉기로 돌변한다. 조선 역관사들이 바로 저 암초로 하여 조난을 당한 듯하다.

바다 가운데 큰 돌이 줄지어 있다. 어떤 것은 일어섰고 어떤 것은 엎드렸는데 마치 고래의 어금니, 호랑이의 이빨과 같다. 그 돌들이 풍파와 더불어 우는데 성난 파도가 두드리고 뿜어 올리는 것이 마치 설산(雪山)과도 같다. 배가 그 속으로 들어가기만 하면 힘을 잃어 부서지고 번번이 뒤집히기 때문에 악포(鰐浦)라 이름 붙인 것이다. 계미사행(1643년 5차 통신사) 때 역관 한천석이 이곳에 이르러 익사했다. 생각만 해도 송연해진다.

— 신유한, 『해유록』

'조선통신사 옛길을 따라서' 기행 팀 일행은 무사히 답사 일정을 끝내고 이날 오후 3시 히타카쓰 항에서 부산으로 향하는 쾌속선에 올랐다. 쾌청한 날씨, 잔잔한 바다를 가르며 쾌속선은 빠르게 달렸다. 쓰시마로부터 멀어질수록 부산과 가까워지는 것이었다. 쓰시마 답사는 조선통신사와 관련한 여러 가지 새로운 감회를 갖게 했다. 그런 한편으로는 한국 전망대에서 마지막으로 뇌리에 박힌 '팔각정과 고래 이빨'과 같은 미묘한 대비가 더 선명하게 부각되는 것이었다. 일본은 우리에게 여전히 '가깝고도 먼 나라'일까?

제2장

아이노시마의 방파제

강남주

아이노시마 사람들은 야스쿠니 신사에 큰 관심이 없다.

왜 일본 역사교과서가 문제인지 알려고도 하지 않는다.

독도는 어디에 있는지도 잘 모른다.

그러나 대륙의 문화가 한때 이 섬에 상륙을 했다는 데에는

이제 차츰 관심을 보이고 있다.

자신들이 살고 있는 이 섬이 외국 문화를 받아들이는 관문이었다는 점,

조상들이 외국인에 관심이 많았던 것처럼 자신들도 한국에 관심이 많다는 것은

그들도 긍정하기 시작한 것이다.

아 이 노 시 마 의   방 파 제

1. 훌쩍 건너뛰듯 찾아간 섬

400년의 시공을 넘어서

일본 후쿠오카 현(福岡縣) 신구초(新宮町)에 속해 있는 작은 섬 아이노시마(相島).

남도(藍島)로 기록되기도 했던 이 작은 섬에 우리 일행이 상륙한 것은 2006년 8월 2일 오전 9시 반이 조금 지나서였다. 1617년 8월 3일 428명의 조선통신사가 이 섬에 상륙한 날로부터 계산하면 390년에서 하루가 모자라는 날이다.

임진왜란은 두 나라 모두에게 공전의 피해를 입혔다. 전쟁이 끝난 뒤는 서로가 적대적이었다. 이런 상황 속에서 당시 일본을 통일했던 집권자 도쿠가와 이에야스(德川家康)가 국교 회복을 바라며 조선 왕조에 정식으로 사절 파견을 요청했다. 이에 응해서 467명의 조선통신사가 일본을 방문, 도중에 이 섬에 첫발을 딛게 되었던 것은 1607년 3월 22일. 이날로부터 계산하면 400년의 시공을 건너뛴 우리들의 아이노시마 방문이었다.

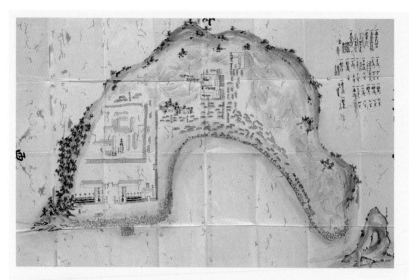

아이노시마 도(藍島圖)

그러나 이날 '조선통신사 옛길을 따라서' 기행 팀의 이름으로 이 섬을 방문한 우리는 옛날 이 섬을 방문했던 조선통신사 수의 10분의 1도 안 되는 32명이었고, 그중에도 탐방 결과 집필자는 교수와 교사, 작가 등 겨우 6명이었다. 기자와 사진작가, 통역, 탐방 진행 담당자를 제외한 20명은 일반 시민으로서 진행을 돕기 위한 자원봉사자였다. 시민들 중에는 자신의 지적 욕구를 충족시키기 위한 사람들도 있었다.

당시의 조선통신사는 최대 500명, 가장 작은 숫자의 경우라도 300명으로 구성되었다. 거기에다 호위나 안내를 맡은 일본인까지 합쳐 통신사 일행은 무려 2,000명 이상을 헤아리는 경우도 있었다. 이렇게 북적거렸던 섬에 겨우 32명이 찾아왔으니, 다시 생각해도 그때에 비하면 참으로 하찮은

아이노시마를 찾아간 '조선통신사 옛길을 따라서' 기행 팀과 환영하러 나온 현지 주민들

숫자였다.

그런데도 우리들은 현지에서 분에 넘치는 환영을 받았다. 환영이라기보다 태풍 같은 감동의 소용돌이를 체험했다는 것이 옳은 표현일 것 같다. 이렇게 한적한 곳에서 이렇게도 놀라운 역사적 자긍심이 몇백 년을 이어지고 있다니. 그들이 우리를 이렇게 환대하는 이유에 대해서는 따로 설명할 수밖에 없을 것 같다.

그렇다면 우리가 도착한 아이노시마는 도대체 어떤 곳인가. 그리고 우리는 어떻게 아직도 역사의 물결이 넘실거리고 있는 이 작은 섬을 찾았는가.

아이노시마 비행기에서 내려다본 모습

작은 섬 아이노시마로 가면서

조선통신사의 대표인 정사(正使)와 부사(副使), 종사관(從事官)은 출발에 앞서 임금에게 인사를 드린다. 그 뒤 양재, 용인, 충주, 안동을 거쳐 영남대로를 따라 출발지 부산으로 향한다. 관료, 학자, 무사, 의사, 화공, 예능인 등 서울을 떠나는 일행은 대표자급만 100여 명. 그들의 행적은 국내에서 육로 1,045리, 부산을 떠나서는 뱃길 3,245리, 다시 일본 육로 1,245리를 가야 했다. 왕복 1만 1,000여 리를 왕래했던 것이다.

부산을 떠난 조선통신사 일행이 제일 먼저 일본 땅을 밟는 곳은 쓰시마섬(대마도)이다. 거기서 현지 쓰시마 번주로부터 극진한 환대를 받는다. 피로를 풀면서 출발할 날을 기다리다가 바다 날씨가 좋은 때를 택해서 일본 본토로 향한다. 바다 사정이 좋지 않으면 가까운 이키(壹岐)에서 쉰다. 그 다음 기항지가 일본 본토 입구인 아이노시마이다. 부산에서 아이노시마 까지의 바다가 조선통신사에게는 가장 거친 바다였다. 날씨에 따라 차이 는 있지만, 서울을 떠나 여기까지 오는 데 두어 달, 아니면 석 달이 걸리기 도 했다.

아이노시마는 안경 모양으로 생긴 작은 섬이다. 둘레가 6.2km에 면적은 1.2㎢에 불과하다. 후쿠오카 현, 가스야 군, 신구초에 속한 섬으로 2006년 8 월 현재 인구는 392명이다. 1940년께에는 1,400명에 이르는 사람들이 여기 서 어업을 했다고 현지민인 시노사키 도라키(篠崎寅喜) 씨가 일러준다. 그 러나 400년 전 섬의 상황에 대해서는 50가구 정도가 있었다는 기록 외에 다른 것은 알 수가 없다.

우리는 이 섬으로 가기 위해 8월 1일 저녁에 부산항을 떠났다. 우리가 탄 배는 부산 – 후쿠오카 간 정기여객선 '카멜리아' 호로, 1만 톤이 넘는 호화 여객선이다. 조선통신사 정사가 탔던 겨우 30톤 정도의 일엽편주에 비하면 입이 벌어질 정도로 대단한 호화 여객선이다.

여름 밤바다의 별 구경이나, 고기잡이배의 불빛 구경이라도 할 생각이 었지만 흐릿한 날씨로 낭만 여행은 포기했다. 그렇지만 워낙 큰 여객선이 어서 흔들림은 거의 느낄 수 없었다.

객실에서 눈을 뜨니 어느 틈엔지 이미 배는 후쿠오카 항에 입항해 있었 다. 배 안에서 일찌감치 아침식사를 끝냈다. 그러나 일본의 관계 직원들이 출근해야 입국수속을 밟고 상륙할 수 있다. 그때까지 별 도리 없이 일행은 배 안에서 상륙시간을 기다렸다. 오전 8시 반이 되자 입국수속은 시작되 었다.

입국 검사대를 빠져나오니 '조선통신사 아이노시마에 어서 오세요'라고 쓴 종이를 합판에다 붙여 들고 머리카락이 희끗한 부부가 우리를 기다리고 서 있었다. 조선통신사 행사 때 부산에도 몇 번 왔던 마스자키 나오코(松崎直子) 씨 내외였다. 이들은 60대를 넘긴 은퇴 교사 부부로서 우리를 마중하기 위해 새벽부터 서둘러 신구초에서 여기까지 온 것이다.

마스자키 부인은 조선통신사에 감동을 받아 취미로 조선통신사 행렬 모습을 도자기로 구워 전시회도 연 사람이다. 현재는 신구초 '제비회'의 열성 회원으로 활동하고 있다. '제비회'는 봄이면 다시 찾아오는 제비처럼 한국과 일본에도 우정이 그렇게 찾아오기를 바라며 한국말로 이름을 붙여 5년 전부터 활동하고 있는 단체다. 특히 회장인 도미나가 세이지(富永正治) 씨는 해방 전 부친이 목포에서 농업학교 교사로 근무한 일이 있어 지금도 한국을 한 번씩 찾으며, 한국에 대한 공부도 한다고 했다.

그들의 안내를 받으며 후쿠오카 부두에서 전세 버스로 거의 1시간쯤 동쪽으로 달렸다. 한 시간 이내에 갈 수 있는 곳인데도, 관광버스 기사마저 길을 제대로 모르는 외진 곳이어서 시간이 좀 더 걸렸다. 한적한 해변의 풍광이 차창 밖에서는 여름답지 않게 조용한 그림으로 펼쳐졌다 지워지고는 했다. 해변을 지나 작은 마을로, 다시 개울을 건너고 바닷길을 따라 좁은 길을 돌아들자 아이노시마로 가는 도선장이 나타났다. 쾌청한 날씨다.

도선장을 떠난 배는 정확하게 17분 만에 목적지 아이노시마 선착장에 도착했다. 부산에서 훌쩍 건너뛰듯 도착한 섬이다. 안내를 맡은 제비회 회원들의 설명 때문에 통역을 맡은 사람들도 여기서부터 바빠지기 시작했다.

배에서 내려 바닷길로 나서려 하는데 이곳 낙도 어린이들이 땡볕 아래서 우리를 환영하는 플래카드를 걸어놓고 손에 태극기를 든 채 표 받는 곳 길 앞에서 줄을 서 있었다. 작년 초가을 부산에 와서 조선통신사와 관련된 연극을 한 어린이들이다. 나에게는 낯익은 얼굴들이다. 아이들도 나를 알아보고 순한 얼굴에 이빨을 드러내며 반가워했다.

2. 최적의 조선통신사 기항지

여러 가지 조건을 갖춘 섬

조선통신사가 에도(江戶, 지금의 도쿄)를 처음 방문한 것은 1607년이다. 물론 그 이전 고려시대에도 일본 사절은 있었다. 방문 목적도 여러 가지였으며 명칭도 보빙사(報聘使), 회례사(回禮使), 쇄환사(刷還使) 등 여럿이었다. 방문 지역도 동일하지는 않았다. 그렇지만 일본 최고 권력자의 초청에 의한 1607년 제1차 방문은 전쟁 방지와 문화교류라는 목적이 분명했다. 이 방문을 통해 막부 권력자의 습직(襲職)을 축하면서 두 나라의 문화교류가 자연스럽게 이루어져, 두 나라 사이에는 그 후 200년 동안 전쟁이 없었다. 서로의 목적을 이룬 셈이다.

3차 방문 때인 1624년부터는 다양했던 명칭이 '통신사'로 통일되었다. 그러나 지금도 통신사라고만 부르면 '소통'이란 의미로 오해될 우려도 있다. 그래서 조선에서 파견했던 통신사라는 점에서 우리는 지금 그 명칭을 '조선통신사'라고 부르고 있다. 학술적 논의를 거쳐 굳혀진 것이라기보다는 관습적으로 사용되어 보편화된 명칭이라고 해야 할 것이다.

어떻든 조선통신사는 1811년까지 12차례에 걸쳐 일본을 방문했다. 그 가운데 마지막 12번째를 제외한 11차례는 모두 본토로 들어갈 때도, 귀국할 때도 아이노시마에 기항했다. 아이노시마는 그런 점에서 보면 비록 작은 섬이긴 하지만 조선통신사의 일본 방문과는 아주 밀접한 관계가 있는 섬이다.

　방문 시기, 통신사의 수, 정사의 이름, 방문 목적 등을 살펴보면 다음 표
와 같다.

아이노시마 기항 목적과 시기

	연대	인원(정사)	목적	갈 때	올 때
1	1607년 선조 40	504명(呂祐吉)	회답 겸 쇄환 국교회복	3/22(착) 3/23(발)	6/19(착) 6/20(발)
2	1617년 광해 9	428명(吳允謙)	오사카 평정 축하 회담 겸 쇄환(교토)	8/3(착) 8/4(발)	9/27(착) 9/28(발)
3	1624년 인조 2	460명(鄭岦)	이에미쓰 계승 축하 회담 겸 쇄환	10/24(착) 11/2(발)	2/7(착) 2/8(발)
4	1636년 인조 14	478명(任絖)	태평 축하 (닛코 방문)	10/27(착) 10/29(발)	2/11(착) 2/13(발)
5	1643년 인조 21	477명(尹順之)	이에쓰나 출생 축하 (닛코)	5/18(착) 5/19(발)	9/19(착) 9/23(발)
6	1655년 효종 6	485명(趙珩)	이에쓰나 계승 축하 (닛코)	7/26(착) 8/4(발)	1/8(착) 1/10(발)
7	1682년 숙종 8	473명(尹趾完)	쓰나요시 계승 축하	7/9(착) 7/10(발)	10/14(착) 10/16(발)
8	1711년 숙종 37	500명(趙泰億)	이에노부 계승 축하	8/17(착) 8/26(발) 8/29(地島에서 재출발)	12/12(착) 2/2(발)
9	1719년 숙종 45	475명(洪致中)	요시무네 취임 축하	8/1(착) 8/10(발) 8/18(地島에서 재출발)	12/12(착) 12/13(발)
10	1748년 영조 24	475명(洪啓禧)	이에시게 계승 축하	4/2(착) 4/4(발)	7/16(착) 7/17(발)
11	1764년 영조 40	477명(趙曮)	이에하루 계승 축하	12/3(착) 12/26(발)	5/26(착) 5/28(발)
12	1811년 순조 11	328명(金履喬)	이에나리 계승 축하	쓰시마까지	

조선통신사가 기항하기에는 얼핏 보아서는 후쿠오카 현의 하카다 항(博多港)이 아이노시마보다 더 좋을 것 같다. 우리나라나 쓰시마 섬과도 가까운 거리에 있으며, 항만 시설도 잘 갖추어진 항구여서 여러 가지 여건이 좋기 때문이다. 그런데도 조선통신사들은 왜 하카다 항에 기항하지 않고 빠짐없이 아이노시마에 기항했을까.

당시의 사정을 정확히는 알 수 없다. 시대 상황을 증명하며 설명하기도 현재로서는 어렵다. 그렇지만 이 섬은 본토의 첫 상륙지인 시모노세키 항의 입구에 있다는 점이 직행의 큰 이유로 보고 있다. 쓰시마에서 다음 기착지 시모노세키를 향한 항해 시간의 단축도 이유가 될 것이다. 거기에다 하카다 항을 경유하면 우회가 된다. 대한해협의 거친 바다를 더 긴 시간 항해해야 하는 어려움이 있다. 또한 아이노시마 자체가 남쪽이 열려 있는 반달이나 안경 모양이어서 서북풍을 막아줄 수 있는 기항지로서 매우 적합하다는 점을 들 수 있다.

특히 외딴 섬이어서 통신사들의 경비와 보호에도 접합한 곳이 이 섬이다. 기상조건을 고려하면 접안과 환영을 위한 예행연습을 하기에도 접대를 담당한 후쿠오카 번주로서는 대단히 편리한 섬이었기에 늘 이 섬에 기항하도록 했던 것으로 보인다.

치밀하고 넉넉한 접대 준비

막부 장군이 취임하면, 대략 그 2년 전부터 막부에서는 조선통신사를 초청할 것인지 여부를 논의하게 된다. 당시 쇄국 일본은 청나라와는 단교한 채 조선과만 교류관계를 트고 있었다. 적대적이었던 조선과의 국교관계가 회복되었음을 국민에게 과시하고, 화려한 사절의 입국을 통해 막부의 국제관계에 관한 권위를 높이고자 했던 것이다.

초청이 결정되면 막부는 쓰시마 번주에게 조선과 방문 관계를 교섭하도록 명령했다. 예나 지금이나 조선과의 거래를 통해서 섬의 경제가 좌우되는 쓰시마로서는 당시 최선을 다해서 교섭에 나서게 된다. 조선은 통신사를 파견할 경우 대략 1년 전쯤에 파견 의사를 일본에 통보한다. 막부는 이때부터 조선통신사를 맞을 준비를 시작하며 에도에 와 있는 번주들에게도 각자의 영지에 복귀해 준비를 하도록 명령했다.

아이노시마의 경우도 조선통신사가 도착해서 떠날 때까지 시설과 경비를 포함한 일체의 준비는 지역을 관할하고 있는 후쿠오카 번주(당시 명칭은 구로다 번주)가 책임지게 되어 있다. 에도에 머무르고 있어야 했던 영주도 그때는 조선통신사 영접 준비를 위해 그의 영지인 후쿠오카(당시의 구로다 번)로 복귀하도록 명령을 받는다.

일본 국내의 각 지역 영주인 번주들은 그 당시는 에도에 머무르고 있어야만 했다. 재력과 병력을 가진 번주가 자신의 힘을 이용해서 영지에서 역모를 감행할지도 모른다는 위험을 없애기 위해 인질로 그들을 잡아두었기 때문이라고 한다.

에도에 머무르고 있던 번주들은 조선통신사가 자신의 영지를 통과할 때면 접대를 위하여 영지로 돌아올 수 있는 기회를 갖게 된다. 그러나 준비가 부족하면 책임추궁을 당해야 했다. 그 때문에 번주들은 막대한 비용과 인력을 투입했다. 이렇게 함으로써 중앙정부로서는 번주의 힘을 분산, 약화시키는 데 상당한 효과를 거두었던 것으로 추측된다. 막부의 명령에 따라 영지로 돌아온 번주는 그때부터 중신들을 이끌고 조선통신사가 도착할 현장에서 각종 업무를 지휘한다. 아이노시마의 경우 1719년에 이 섬에서 묵은 일이 있는 제술관 신유한(申維翰)의 일기체 여행기 『해유록(海游錄)』과 조선통신사의 접대 내용이 일본어로 기록되어 있는 『구로다게

분쇼(黑田家文書)』에 의하면 그 준비는 상상을 넘을 정도로 대단했다.

현장 지휘에 나선 후쿠오카 번주는 영빈관, 접대 관리 숙소, 조선통신사 선박의 정박장과 잔교 설치, 선착장에서 숙소에 이르는 도로 정비를 서두르는 한편, 현장에서 조선통신사 일행의 안내와 경호대책까지 구체적으로 지시했다고 한다. 예행연습까지 포함해서 이에 동원된 인부가 1719년의 경우 3,500명이었다고 하니, 작은 섬 아이노시마의 북새통은 어느 정도였는지 짐작할 만하다.

영빈관의 규모도 놀랍다. 정사의 사관(使館)이 폭 4칸에 길이 13칸이었고, 부사는 조금 작은 1칸 반에 12칸, 종사관은 1칸 반에 11칸이었다. 그 옆의 다른 부지에는 통신사 일행의 숙소 24동이 건립되었다. 이들 건물에는 각각 복도와 욕실, 변소도 함께 마련되었다. 조경용 대나무는 동경에서 운반해왔으며, 특히 조선통신사가 도착하는 날에는 인조견으로 만든 등을 117개나 달아 "우리나라 초파일의 등불은 중들의 조그마한 장난 같다"라고 신유한은 적고 있다.

건물이나 시설에 대한 준비만 대단한 것은 아니었다. 조선통신사를 접대할 음식의 준비에도 최선을 다한 흔적은 역력하다. 1682년에 도착하는 조선통신사를 위해 일본의 최고급 요리를 4개월 전부터 준비했다는 기록도 보인다. 이런 요리를 시키세이 요리(式正料理)라 한다. 이 요리에 쓸 돼지는 나가사키에서 직접 가져와 사육을 했다. 사육하는 돼지가 사육장을 뛰쳐나가 야산으로 도망치기도 하고, 번식을 너무 많이 해서 주민들이 어려움을 겪기도 했다는 일화도 있다.

조선통신사의 구미를 맞추기 위해 육류 담당자와 어물 담당자, 야채 담당자 등이 따로 지정되기도 했다. 1719년의 경우는 닭 1,000마리, 계란 1만 개를 준비했다는 기록도 보인다.

선박 500척이 마중에 나서

항해의 무사태평을 비는 해신제를 성대하게 치른 뒤 통신사 일행은 만경창파를 헤치며 쓰시마 섬으로 향한다. 안내를 위하여 일찍 와서 기다리던 쓰시마의 안내선들은 정사, 부사, 종사관 등이 나누어 탄 세 척의 배와 종선을 안내하며 오륙도 앞을 지나 일로 쓰시마 섬을 향한다. 그 출항하는 모습은 일대 장관이었다.

날씨에 따라 쓰시마 섬의 첫 번째 기항지는 다소 차이는 있으나 대체적으로 북단의 사스나(佐須奈)나 와니우라(鰐浦)가 된다. 거기서 남쪽 이즈하라 항으로 옮긴 일행은 쓰시마 번주 소(宗) 씨의 접대를 받으며 휴식을 취한다.

좋은 날씨를 택해 이즈하라를 떠난 일행은 이키를 거치거나 아니면 아이노시마로 직행하게 된다. 그러나 항해의 피로를 덜기 위해 이키 섬의 가쓰모도(勝本) 항에 기항하기도 했다. 일행의 선단이 쓰시마 번주의 지배 영역을 벗어날 때까지는 쓰시마 측에서 선박의 안내와 호위를 맡았다. 그이후는 후쿠오카 번에서 맡게 된다.

선단이 쓰시마 섬을 떠나면 겐카이지마(玄海島)와 시카지마(志賀島) 등 대한해협에 떠 있는 섬의 산봉우리에는 조선통신사가 출발했음을 알리는 봉화가 오른다. 이 봉화가 오르면 아이노시마에서 대기하고 있던 선단이 겐카이지마와 시카지마까지 안내 마중에 나선다. 이러한 안내선은 243척에 이르렀으며, 전체 준비선은 500척에 이르렀다는 기록도 보인다. 여기에 동원된 수부가 3,060명이었다니, 막부가 조선통신사를 위해서 쏟은 정성은 상상을 넘었다고 하겠다.

배가 아이노시마의 선착장에 도착하면 조선통신사는 가까운 곳에 마련된 환영장 유대정(有待停)으로 향한다. 겨우 1km가 될까 말까 한 거리에 가로등을 휘황하게 켜서 호사롭기 이를 데 없었다. 통신사들은 후쿠오카 번주의 따뜻한 영접 속에 피로한 몸을 쉬게 된다. 그러나 그 휴식도 잠깐, 날씨가 좋으면 이튿날 떠나고, 기상이 좋지 않으면 좋은 날을 기다려 다시 시모노세키 쪽으로 떠났다.

조선통신사가 에도에서 돌아와 여기서 다시 쉬고 쓰시마로 떠나면 곧바로 사관을 포함한 숙소는 모두 헐었다. 다음 올 때 다시 같은 규모의 사관과 숙소를 포함한 각종 시설을 새로 마련했으니, 번주들의 경제적 부담이 어느 정도였는지 알 만하다.

어떤 때는 쓰시마에서 오는 조선통신사를 영접 나갔다가 태풍으로 배가 40여 척이나 파손된 일도 있다. 이 사고로 60여 명의 수부가 목숨을 잃었다. 이와 같은 사고 때문에 번주가 막부로부터 준비 부족에 대한 책임을 추궁당하기도 했다. 중앙정부가 조선통신사를 위해 쏟은 정성을 알 수 있게 하는 대목이다.

3. 채마밭에는 여름 배추가

섬 어린이들의 도열

우리가 아이노시마를 찾은 것은 8월 초순이었다.

신구초 도선장에서 배를 탈 때는 오전 9시가 조금 지난 시간이었다. 그런데도 8월의 작열하는 태양 빛이 작살처럼 푸른 바다로 내리꽂히고 있었다. 햇볕에 얼굴이 그을린 섬사람들이 생선을 내다 팔았는지 더러는 빈 바구니를 들고 우리와 같은 배를 타고 있었다. 아침 9시 20분발 첫 배니까 이 사람들은 새벽에 뭍으로 나갔다가 벌써 오는 것일까.

방문단 일행이 채마밭이 되어버린 조선통신사 사관터를 둘러보고 있다.

생각을 정리하기도 전에 배는 이미 아이노시마 선착장에 도착하고 있었다. 네 번째 이 섬을 찾는 나에게도 적당한 긴장과 호기심이 가슴을 설레게 했다. 처음 오는 사람들의 호기심은 더했겠지.

하카다 항에서 이곳으로 올 때 나는 차 안에서 섬에 대한 간단한 소개를 했다. 몇 번 방문했던 경험이 있었기 때문이다. 그러나 섬에 도착하는 순간 내가 할 일은 없어져 버렸다. 현지 역사자료관에 근무하는 니시타 다이스케(西田大輔) 씨가 안내를 맡기로 했기 때문이다.

선착장 잔교에서 해안 도로로 나서는데 우리를 환영하는 플래카드가 눈에 가득 들어온다. 작년 9월 부산에 왔던 이 섬의 어린이들이 우리의 도착을 환영한다고 플래카드를 들고 뱃머리까지 나온 것이다.

아이노시마 어린이들이 부산에서 조선통신사와 관련된 연극을 하고 있는 모습

　이 어린이들이 여기 나온 사연은 앞에서 잠깐 언급했지만 여기서 조금
만 더 설명하자.

　지난 2004년 11월 신구초에서는 작은 축제가 있었다. 아이노시마에 한
번 가고 싶어 했던 나에게 전일본 조선통신사 연지연락협의회 이사장 마
쓰바라 가즈유키(松本一征) 씨가 이 정보를 귀띔해 주었다. 그리고 함께 가
보자고 권했다. 이 섬은 그때 처음 둘러본 일이 있다. 이튿날 신구초의 축
제에서는 뜻밖에도 이 섬 학교 어린이들이 <돌의 노래 울려라>라는 연
극을 공연하는 것이었다.

　연극의 내용은 조선통신사가 접안하기 위한 방파제 공사와 관련된 것
이었다. 고기잡이철에 번주의 지시로 어업을 전폐하고 방파제 공사에 동

원된 주민들의 불평은 이만저만이 아니었다. 불평이 시위로 폭발할 지경에 이르자, 현지 감독들이 조선통신사가 돌아간 뒤에는 이 방파제를 주민의 고기잡이에도 쓸 수 있도록 하겠다고 무마에 나섰다. 그래서 무사히 공사가 끝나 어민들도 방파제를 잘 이용할 수 있게 되었다는 것이 이 연극의 줄거리였다.

연극으로서의 완성도는 높지 않아 보였다. 그러나 이 작은 섬의 어린이들이 조선통신사와 관련된 연극을 한다는 것은 나에게 충격이었다. 그것이 계기가 되어 그 다음해인 2005년 9월 부산의 조선통신사 행사 때 이 섬의 어린이들을 초청해서 그 연극을 그대로 공연할 수 있도록 기회를 만들어준 일이 있다. 섬 어린이들은 그것을 잊지 못해서 8월 염천 아래서 우리의 방문을 그렇게 환영하며 서 있었던 것이다.

그들은 나의 얼굴을 알아보고 반가워했다. 그러나 시골 모습 그대로 약간은 계면쩍은 듯 부끄러운 표정도 감추지 못했다.

방문단 일행은 이 섬에서 일어난 예상 밖의 환영에 놀랐다. 이 일은 섬의 역사를 설명하기로 한 니시타 씨의 소관 밖이기에 내가 전후를 잠깐 설명할 수밖에 없었다.

섬 안으로 발을 옮기자 니시타 씨의 설명은 그때부터 시작되었다. 아이노시마 출신인 신구초 의원 시노자키 도라키 씨, 하카타 항에서 여기까지 동행한 마스자키 씨 내외 등과 함께 우리는 조선통신사의 흔적을 찾아 나섰다.

일본 최상의 요리로

부두에서 길로 올라서면 건너편 길 가장자리의 흰색 입간판이 눈높이로 보인다. 우리나라 사무실 책상보다 좀 더 넓다고 할까. 세로쓰기로 한

방파제 공사 안내 이 섬이 조선통신사를 따뜻이 맞았다는 내용이 적혀 있다.

까만 글씨가 거기에 가득하다. 이 안내판에는 조선통신사가 1682년에 이 자리에 상륙했다는 내용이 소개되어 있다. 그들을 잘 대접하기 위해서 가장 맛있고 신선한 돔은 히로시마에서 구해왔고, 전복은 어디에서, 쌀은 어디에서, 다른 어떤 것들은 또한 어디 어디에서 운반해왔다고 적어놓고 있다.

조선통신사를 극진히 대접한 이곳은 대륙의 문화를 받아들인 자랑스러운 곳임을 긍지로 생각하고 있는 것도 빠뜨리지 않았다. 그러나 무엇보다 놀라운 것은 당시 일본인으로서는 좀처럼 먹기 어려운 돼지고기를 마련하기 위해 나가사키에서 돼지를 구해오는 등 일본 안에서도 가장 훌륭한 음식 재료를 구해와서 조선통신사를 대접했던 그들의 열성이었다.

안내 간판에서 오른쪽으로 돌아 몇 걸음 나아가면 승선권 판매소가 있

조선통신사가 상륙하게 하기 위해 1682년에 축조된 방파제. 3,850명이 동원되어 2개월 만에 완성했다.

고, 그 곁 길가에는 편의점도 하나 있다. 편의점 안쪽에는 여닫이문을 사이에 두고 작은 간이식당이 있다. 그 식당 냉장고 뒤에는 어린이들이 그린 해묵은 그림이 몇 장 붙어 있다. 다소 퇴색하긴 했어도 그림에는 "옛날 옛날에 조선통신사가 이 섬을 지나갔다"는 내용의 설명도 곁들여 있다. 일행에게 그것을 구경시켜드리고 싶어 가보자고 했으나, 가는 날이 장날이라더니 마침 휴일이어서 가게 문은 닫혀 있었다.

니시타 씨의 안내로 우리는 섬의 왼쪽으로 돌기 시작했다.

조선통신사 접대 장소였던 유대정(有待亭) 앞을 지났다. 얼마 지나지 않은 곳에 그다지 크지 않은 방파제 두 개가 보였다. 정사와 부사, 종사관이 상륙한 방파제와 일본의 안내와 호위들이 상륙한 방파제가 바로 저것들이라고 니시타 씨가 가리킨다. 지금 보기에는 별스럽지 않은 것 같으나 거의 400년의 세월을 견뎌온 방파제다. 오랜 풍상과 함께 역사를 고스란히 안고 있는 방파제라고 생각하니 그 두 개의 방파제에 대한 가치가 새삼스럽게 여겨졌다.

몇몇은 그 방파제 위로 올라가서 돌 틈 사이를 삐끔거리는 게를 쫓는다. 이 방파제가 섬사람들의 인력 동원으로 불과 두 달 만에 완성된 것이냐고 일행은 묻기도 했다.

복잡했던 지난날의 한일관계와 또 다른 복잡한 오늘날의 한일관계에 대해서는 전혀 아랑곳없이 푸른빛 바다는 방파제에 찰싹거리며 무엇인가를 소곤거리는 것 같기만 했다.

기념사진을 찍은 뒤 우리 일행은 니시타 씨의 안내로 가던 길을 따라 왼쪽으로 굽이돌아 오른쪽으로 나아갔다. 시멘트 포장길이 끝날 무렵에 아까 보았던 안내판과 거의 비슷한 또 다른 안내판이 눈앞에 나타났다. 바로 여기가 조선통신사의 사관과 숙소가 있던 곳이라는 안내판이었다. 그러나 안내판이 말하는 곳은 평지이긴 해도 생각보다 좁은 공간이다. 그 공간은 이미 채마밭으로 변해서 여름 배추와 고구마 넝쿨이 여기저기서 자라고 있었다.

채마밭 저쪽에는 오래된 건물들이 여러 채 보인다. 그리고 채마밭과의 경계에는 대나무가 몇 그루 엉성하게 서 있다. 지난날의 화려함은 온데간데없고 다소 을씨년스러운 시골 풍경이 연출되고 있을 뿐이었다.

우물터에는 도자기 조각

이곳에서는 1995년에 신구초에 의한 발굴작업이 있었다. 그 결과는 1624년에 파견되었던 조선통신사 강홍중이 쓴 사행록인 『동사록』*의 내

1995년 조선통신사 객관사 터를 발굴 조사할 때의 천공 모양

용과 일치했다. 와카미야진자(若宮神社) 옆에서 남서로 위치한 건물은 40
여 동에 이르렀다는 점, 동서로 약 117m, 남북으로 약 126m의 이 대지에는
우물과 대밭이 있었다는 것도 사실과 일치했다. 실측을 통한 사실 확인 외
에도 발굴작업을 통해 우물 속에서는 일본인의 나막신이 발견되었고 여
러 개의 깨진 도자기 그릇도 발견되었다는 것이다.

* **동사록(東槎錄)** 조선 중기의 문신 강홍중(姜弘重)이 통신부사(通信副使)로 일본에 다
녀와서 보고 느낀 것을 기록한 사행일록(使行日錄). 인조 2년(1624) 8월부터 다음해 3월
까지 7개월 동안의 일기로서, 내용은 「일본회답사행좌목(日本回答使行座目)」, 「일기」,
「문견총록(聞見總錄)」, 「대마도주서계(對馬島主書啓)」, 「상소(上疏)」 2편, 「별장(別章)」,
「통신사에게 준 글」 1편으로 되어 있다.

조사에 의해 발견된 당시의 도자기 이런 도자기들이 조선통신사 접대용으로 쓰였다.

　발견된 도자기는 앞선 우리 도자기 문화를 이해하는 데에도 좋은 자료
가 되었겠지.

　그러나 발굴 당시 이곳은 채마밭이었다. 과거의 사실을 전혀 모르는 주
민들은 대대로 가꾸어온 밭뙈기를 파헤치는 것이 못마땅했다. 신구초 역
시 개인의 재산을 무단으로 점유할 수는 없는 일이었다.

　발굴조사가 끝난 뒤 이 땅은 모두 주민들에게 되돌려졌다. 지금은 그 역
사의 현장이 채소나 가꾸는 밭뙈기가 되었고, 낡은 옛집이 여러 채 서 있
을 뿐 지난날의 영화는 흔적도 없다. 오직 엉겨 있는 고구마 줄기 위로 매
미 소리만 요란하게 지나갈 뿐이었다.

　조선통신사 사관이 있던 곳에서 좀 뒤쪽 왼편 산비탈 아래에는 큼직한

돌비석 하나가 보인다. 당시 영접 준비를 위해 현장에 왔다가 태풍으로 목숨을 잃은 사람들과 공사 중 사망한 사람들의 무덤임을 알리는 비석이다. 바로 그 자리가 묘였음을 말해주고는 있지만 봉분이 없는 일본의 묘지제도 때문에 개개인의 묘는 구별할 길이 없었다. 오랜 세월에 빛바랜 비석만이 여기가 그 묘의 터임을 분명히 말해주고 있었다.

우리는 깨어진 도자기가 발견되었다는 우물터를 들여다보기도 하고 동경에서 옮겨 심었다는 대밭도 살펴보았다. 오래된 목조건물인 신사도 둘러보았다. 그러나 신사는 조선통신사가 오고갈 때의 그 건물은 이미 아니다. 판자벽은 낡고 건물은 우중충한 색깔이었으니 이 건물 역시 꽤나 오래된 것임은 분명했다.

나를 제외한 모두는 초행길이어서 흥미로운 점이 더 많았던 것 같다. 일부는 무궁화를 심어놓은 학교까지 가보았고, 다른 사람들은 여기저기 더 가보고 싶어 했다. 그러나 '제비회'가 마련한 점심시간 모임에도 참석해야 했고, 모두들 해가 떨어지기 전에 다음 탐방지인 시모카마가리*로 가기 위해서 히로시마까지 가야 하는 바쁜 일정이었다.

이제 곧 아이노시마를 떠나 신구초로 가는 도선 편에 늦지 않게 모두들 도선장으로 발을 옮겨야 했다.

한국을 생각하는 '제비회' 사람들

신구초는 인구 2만 5,000 정도의 작은 마을이다. 이 초는 우리나라에는 없는 기초 행정단위지만 우리나라와 비교한다면 읍 단위, 또는 면 단위에 해당될 것 같다.

* **시모카마가리(下蒲刈)** 현재는 히로시마 현의 서남부 구레 시(吳市)에 소속되어 있다.

신구초는 대도시 후쿠오카와 경계를 이루고 있다. 낮은 산을 배경으로 바다를 끼고 있으나 생산성이 높은 곳은 아니다. 대도시 후쿠오카와는 접근성이 좋기 때문에 그쪽에서 일하는 사람, 농산물이나 수산물을 그쪽으로 내다 파는 사람들이 더러 있다.

또한 대도시가 옆에 있기 때문에 교육시설도 넉넉하지 않다. 초등학교 3개교와 아이노시마 분교 1개교, 중학교 1개교와 아이노시마 분교 1개교, 고등학교 1개교가 있다. 관광이나 숙박 시설은 거의 없고 문화시설도 빈약하다. 그러나 주민들의 애향심, 역사적 자존심은 대단하다.

공무원, 전직교사, 국회의원 부인, 지역 유지 등이 5년 전에 '제비회'라는 모임을 만들어 인근 국가인 한국을 이해하기 위한 만남을 정례적으로 갖고 있다. 이 모임은 신구초의 초등학교 학생들이 외국을 향한 눈을 크게 뜨도록 하기 위해 2006년에는 부산의 초등학교와 자매결연을 하는 데에도 적극적인 움직임을 보여 성사를 시킨 일도 있다.

우리들이 아이노시마를 방문했을 때 이 섬의 어린이 전원이 플래카드도 준비하고 태극기를 들고 선착장에서 우리를 맞은 것도 한국에 대한 그들의 따뜻한 마음과 관계가 깊다.

주민들은 또한 몇백 년 전에 학식 높은 조선통신사가 관내인 아이노시마에 들렀던 것을 역사적 자랑으로 생각하고 있다. 이런 자긍심이 어린이들에게도 은연중에 전해지고 있다고 해야 할 것이다.

아이들의 연극 〈돌의 노래 울려라〉

2004년 11월에는 신구초의 마을 축제 때 조선통신사의 기항지 아이노시마에 들렀던 일이 있었음은 앞에서 말한 바와 같다. 이때 우연하게도 전부터 잘 아는 《서일본신문》 문화부 차장 시마무라 하쓰기치(嶋村初吉)

씨가 이 축제에서 조선통신사에 관한 세미나에 참석하고 있음을 알았다. 나는 전일본 조선통신사 연지연락협의회 마쓰바라 이사장과 함께 세미나에 참석해 그도 만나고 축제도 구경할 겸 신구초 문화회관을 찾았다.

마을 축제는 주로 일본 전통 춤이나 가벼운 운동경기 등으로 구성되어 있었다. 그러나 무엇보다 놀란 것은 조선통신사와 관련된 어린이들의 연극 공연도 축제에 포함되어 있다는 것이었다. 이 연극을 지도한 교사는 과연 조선통신사를 어떻게 이해하고 있을까. 어린이들은 그런 교사에 의해서 어떤 영향을 받고 있는가가 매우 궁금했다.

<돌의 노래 울려라>라는 연극이 공연되는 장소는 마을 문화회관이었다. 크고 화려하지는 않았지만 잘 다듬어진 공간이었다. 막이 오르기 전 조선통신사가 아이노시마에 기항할 당시의 역사적 상황과 아이노시마에서 선착장 공사를 하게 된 내력이 마이크를 통해서 흘러 나왔다.

이어 막이 오르자 번주와 무사, 주민 사이의 갈등이 전개된다. 배우의 복장은 어른 복장이지만 모두 섬 어린이, 약간은 서툰 연기에 대사도 유창하다는 느낌은 들지 않았다. 그러나 진지함은 기성 극단에 비할 바가 아니었다.

짧은 기간에 난공사를 하기도 어렵고, 공사가 끝나도 조선통신사가 돌아가면 시설을 모두 헐어버리기 때문에 헛일을 해야 하는 주민들의 불만이 노출되고 있었다. 현지 공사감독은 주민을 설득하며, 시설을 계속 쓰도록 하는 해결책을 제시함으로써 극 속의 갈등은 해소된다. 갈등의 해소와 함께 주민이 힘을 합쳐 공사를 진행한다는 내용이었다. 막이 내릴 때는 조선통신사의 기항이 섬의 발전에 도움이 되었다는 주민들의 합창이 무대 뒤에서 울려 퍼진다.

앞에서도 말했지만, 이 외딴 곳에서 조선통신사 이야기가 연극이 되어 공연된다는 것은 의외였다. 그 자체가 놀라움이었고, 나로서는 깊은 감명이었다.

조선통신사 문제를 다루는 토론회에도 가보았다. 토론이 끝난 뒤 한국의 조선통신사 문화사업회에서 온 나에게 이번 축제를 본 소감을 물었다. 나는 아이노시마가 조선통신사로 인해서 보물섬이 될 수 있을 것 같다는 말을 했다. 잘 가꾸어 한일문화교류의 거점이 되었으면 좋겠다는 나의 희망도 빠뜨리지 않았다. 그러면서 아이노시마의 국제화에 작은 힘이나마 보태겠다는 마음도 내보였다.

귀국하고 나서도 어린이들의 그 연극은 인상적이었다. 다음해 9월 부산에서 열리는 조선통신사 행사에 그 섬의 어린이들을 초청해서 그 연극을 그대로 공연하기로 했다. 곡절이야 있었지만 언어 문제는 컴퓨터로 자막 처리를 했다. 부산의 관객들은 입을 모아 좋은 연극을 봤다고 칭찬했다. 인구 392명뿐인 일본의 낙도 어린이가 조선통신사가 계기가 되어 인구 400만에 이르는 대도시 부산의 문화회관에서 데뷔하는 계기가 된 것이다.

그 이후 부산의 초등학교와 자매결연도 하게 되었음은 앞에서도 말한 바 있다. 현지 주민들도 부산과의 인적인 교류에 열을 올리고 있어 '돌의 노래 울려라'는 이제 '교류의 노래 울려라'로 변하고 있다.

4. 다시 아이노시마를 생각하며

대한해협, 깨끗한 바닷물에 수수억만 년을 씻기고 닳아서 바위가 바닷가 모래알로 눈부신 곳이 아이노시마다. 1607년 이후 11번이나 조선통신사가 기항했던 곳이 이 섬이건만, 정작 이곳 섬사람들은 그런 사실마저 모른 채 오랜 세월을 바다와 함께 살아왔을 뿐이다.

이 섬이 이제 역사의 섬으로 다시 솟아오르고 있다.

섬사람들은 야스쿠니 신사에 큰 관심이 없다. 왜 일본 역사교과서가 문제인지 알려고도 하지 않는다. 독도는 어디에 있는지도 잘 모른다. 그러나 대륙의 문화가 한때 이 섬에 상륙을 했다는 데에는 이제 차츰 관심을 보이고 있다. 자신들이 살고 있는 이 섬이 외국 문화를 받아들이는 관문이었다는 점, 조상들이 외국인에 관심이 많았던 것처럼 자신들도 한국에 관심이 많다는 것은 그들도 긍정하기 시작한 것이다.

특히 어린이들이 조선통신사가 계기가 되어 부산 공연을 했다는 사실이 또 하나의 자랑이 되고 있다. 조선통신사는 400년을 건너뛰어 이곳 낙도에서 지금 되살아나고 있다.

조선통신사를 초청했던 도쿠가와 이에야스는 전쟁을 싫어했다. 조선통신사를 안내했던 당시 일본의 지식인 아메노모리 호슈(雨森芳洲)도 인접국가 간에는 싸움을 할 것이 아니라 서로 신뢰하면서 다투지 않아야 한다고 주장했다.

정치하는 사람들이야 정치적 목적이 달라 서로 토닥거리지만 아이노시마 사람들은 여느 일본 사람들과 마찬가지로 그런 것에는 관심이 없다. 안분자족의 나날을 보내고 가까운 거리에 있는 한국 사람들과 사이좋게 사는 것이 좋다고 생각하고 있을 뿐이다. 조선통신사가 오고가던 그 시대 그 정신을 은연중에 이어받고 있는 것인지도 모르겠다.

아이노시마는 그런 점에서 보면 작은 섬이지만, 한일관계에서는 다이아몬드처럼 단단한 섬, 보석 같은 섬이 되었으면 좋겠다는 것이 아이노시마를 찾아갔던 소감이라면 소감이다.

제3장

시모노세키와 통신사

김문식

시모노세키는 부산포를 출발한 통신사가
처음으로 만나는 번화한 도시이기도 했다.
시모노세키는 육상과 해상을 연결하는 교통의 요지로
일본 국내는 물론이고 조선, 중국 등지와 통하는 길목이었다.
따라서 시모노세키는 항상 장삿배들이 붐벼 '작은 오사카' 라 불렸고,
"들어가는 배가 천 척이고
나오는 배도 천 척이라[入船千隻 出船千隻]" 는 말도 생겼다.

시 모 노 세 키 와 통 신 사

1. 시모노세키와 한국의 역사

시모노세키는 교통의 요지

시모노세키(下關)는 혼슈(本州) 서쪽 끝에 위치한 일본 해륙 교통의 요지이다. 시모노세키는 폭이 1.5km 정도가 되는 간몬(關門) 해협을 사이에 두고 규슈의 북쪽 지방인 기타큐슈(北九州)와 연결되는데, 이곳을 통과해야 내해(內海)로 들어갈 수 있기 때문에 간몬 해협은 '일본의 수에즈'라고도 불린다.

원래 규슈와 혼슈를 연결하는 교통로는 바닷길밖에 없었다. 그러나 20세기에 들어와 해협을 가로지르는 해저 터널이 여러 개 뚫렸고 바다 위로는 간몬교(關門橋)가 놓여 혼슈와 규슈를 직접 연결했다. 간몬 해협에는 인도 터널도 있는데, 시모노세키의 미모스소가와(御裳川) 입구에서 15분 정도 걸으면 기타큐슈의 모지(門司) 항에 도착한다고 한다.

통신사가 방문했을 때 시모노세키의 다른 이름은 아카마가세키[적간관(赤間關)]였는데, 이곳은 교통의 요지이자 군사적 요충지로 파악되었다.

간몬 해협과 간몬교

원중거는 1763년에 이곳에 들렀는데 "적간관의 남쪽은 서해도(규슈)인
데, 산줄기가 이어져 있어 배가 왜경(倭京, 교토)으로 갈 때에는 멀리 서남
해를 돌아서 갔다. 징구 황후(神功皇后) 때 동서를 트이게 해서 바닷길이
통하여 운하가 되었고 나루터도 있게 되었다. 인구가 많지는 않지만 부상
(富商)이 많고 온갖 물자를 수송한다"고 했다. 간몬 해협이 뚫린 것이 징구
황후 때 비롯되었고 해상에서는 물자 수송이 활발했다는 것이다.

1718년에 신유한은 "이곳은 바닷길의 요새로 백성들은 소금을 팔아서
먹고살며 아침저녁으로 조수가 있다. 서해도의 목줄기에 해당하므로 해
군 수만 명을 배치하여 외곽을 정찰하고 방어를 하면 천연의 기지가 된
다"라고 했다. 신유한에게는 시모노세키가 견고한 방어기지로 보였다.

고대사부터 한국사와 연결되는 시모노세키

시모노세키는 일본 국내의 교통요지일 뿐만 아니라 한국, 중국과 같은 북방 국가와 교류하는 창구가 된다. 『일본서기』에는 간몬 해협에 관한 신화가 있다. 193년 7월에 징구 황후는 시모노세키의 도유라노쓰(豊浦津)에 머물렀는데, 바다 속에서 여의주를 얻었다. 그런데 신라 군대가 이곳을 공격하자 황후는 그 구슬을 바다에 던졌고, 큰 파도가 일어나 신라군을 패배시켰다. 이후 징구 황후가 구슬을 묻은 곳에 섬이 생겼는데 이것이 바로 간몬 해협의 동쪽 입구에 있는 두 개의 섬[만쥬(滿珠), 간쥬(干珠)]이라는 것이다. 고대부터 시모노세키는 한국사와 밀접한 관련이 있었음을 보여주는 신화이다.

시모노세키가 있는 혼슈의 서북 지역과 규슈의 북쪽 일대는 한반도와 마주하기 때문에 한반도 계통의 고대 유물들이 많이 출토된다. 필자는 후쿠오카(福岡) 신구(新宮)의 역사박물관에서 신라나 가야 계통으로 짐작되는 토기를 목격했고 시모노세키의 조후(長府) 박물관에서도 같은 내용을 확인할 수 있었다. 한반도에서 일본을 공격한 역사도 있다. 811년에 신라의 공격을 대비하기 위해 나가토(長門) 지역을 정비했다는 기록이 있고, 1281년 고려와 몽고 연합군이 일본을 공격할 때 규슈의 하카다(博多)와 나가토슈(長門州) 북쪽 지역까지 진격하기도 했다.

시모노세키와 가장 활발하게 교류한 시기는 조선시대였다. 조선은 1401년에 명나라와 정식 국교를 맺었고, 일본의 무로마치 막부*는 1402년에 명과 국교를 맺었다. 이제 한·중·일 세 나라 사이에는 명나라를 종주국

---

* **무로마치(室町) 막부** 아시카가 다카우지(足利尊氏)가 1392년에 교토(京都)의 무로마치에 개설한 막부.

으로 하는 동아시아 국제질서가 형성되었고, 한일 간의 교류도 활발해졌다. 조선은 일본과 대등한 외교관계를 맺었는데, 무로마치 막부의 아시카가(足利) 쇼군을 일본 국왕으로 인정하고 교류하는 동시에 서일본 일대의 다이묘(大名)들이나 해상의 작은 영주, 상인들과도 직교역을 했다. 조선 정부가 이처럼 다원외교를 펼친 것은 아시카가 쇼군이 일본 전역을 장악하지 못했기 때문이다.

15세기에 시모노세키는 오우치(大內) 씨의 지배하에 있었는데, 오우치 씨는 조선 국왕에게 사신을 파견하여 공물을 보내면서 불경을 요구하는 경우가 많았다. 신숙주의 『해동제국기』에는 일본의 66주 가운데 나가토슈는 1467년(세조 13), 1468년(세조 14), 1469년(예종 1)에 조선에 사신을 파견했다고 기록되어 있다. 당시 조선에서 파견한 사신은 반드시 시모노세키에 들렀는데, 아미다지(阿彌陀寺)와 에이후쿠지(永福寺)를 방문하고 남긴 시가 있다. 조선 전기에 시모노세키에는 조선 상인들이 거주했다는 기록도 있는데, 조선과 시모노세키의 교역이 활발했음을 보여준다. 오우치 씨 이후로 시모노세키는 모리(毛利) 씨가 지배했다.

임진왜란이 일어나자 모리 씨는 조선 침략에 가담했다. 도요토미 히데요시(豊臣秀吉)가 조선 침략을 위해 전국에 동원령을 내렸을 때 시모노세키를 지배하던 모리 데루모토(毛利輝元)의 양자로 들어간 모리 히데모토(毛利秀元)가 경상도 지역을 공격한 것이다. 또한 시모노세키는 교토, 오사카, 나고야 등지에서 동원된 말이나 선박, 인원을 한반도로 이동시키는 교통 거점이 되었다. 전쟁이 끝나자 많은 수의 조선인 포로가 시모노세키로 끌려왔는데, 조선인 도공은 쇼후잔(松風山)에서 도자기를 구웠고, 나가토슈 번의 무사가 된 사람도 있었다. 조선과 일본의 국교가 정상화되는 과정에서 조선 정부가 첫 번째로 착수한 것은 임진왜란 때 끌려간 조선인 포로를 찾아오는 일이었다. 시모노세키는 혼슈와 규슈 일대에 흩어진 조선인 포로를 데려오는 주요한 거점이었다.

조선 후기에 일본 전역은 도쿠가와 막부가 장악했다. 도쿠가와 막부는 임진왜란으로 단절된 조선, 명과의 외교를 회복시키려 노력했고 쓰시마 번주 소(宗) 씨의 중개로 조선과의 국교를 정상화시킬 수 있었다. 그러나 막부는 명과의 국교를 끝내 회복시키지 못했고, 나가사키(長崎) 항구에서 중국 상선과의 교역만 이루어졌다. 이 시기에 스페인, 포르투갈, 영국, 네덜란드와 같은 유럽 국가의 상선들이 일본을 방문했다. 그렇지만 1639년 이후 일본에서는 네덜란드만 나가사키를 통한 교역을 허락받았다. 조선 후기의 통신사가 에도(江戶, 도쿄)를 방문하는 길에는 반드시 시모노세키를 들렀다. 또한 류큐[유구(琉球), 오늘날의 오키나와] 국왕의 사절단이나 네덜란드 상관장(商館長)이 에도를 오가는 길에도 시모노세키를 들렀다. 시모노세키는 국제 교역의 거점이었다.

개항 이후 시모노세키와 한국사

서양 제국의 동아시아 침략이 본격화되면서 시모노세키는 서구 열강이 각축을 벌이는 현장이 되었다. 1853년에 미국 페리(Perry) 제독의 선박이 나타난 이후 도쿠가와 막부는 미국, 네덜란드, 영국, 프랑스, 러시아 등과 통상 조약을 체결했고 나가사키와 요코하마에 개항장이 생겼다. 이때 시모노세키가 소속된 나가토는 서양 오랑캐를 물리치자는 양이 운동을 벌였는데, 1863년에 간몬 해협의 요새지에 설치된 포대에서 해협을 통과하는 서양 선박을 공격했다. 그러자 1864년 7월에 서양 4개국(영국, 네덜란드, 프랑스, 미국)은 연합함대를 편성하여 시모노세키 전쟁을 벌였고, 3일간의 해전 끝에 시모노세키는 완전히 패했다. 종전 교섭의 결과 시모노세

시모노세키 조약이 맺어진 일청강화기념관의 표지판들

키가 추가로 개항장이 되었고, 도쿠가와 막부와 삿초(薩長, 薩摩와 長門을 합한 말)는 모두 개방정책을 표방하게 된다. 그러나 막부와 삿초 동맹 간에 갈등이 생겨 일본은 내전 상태에 들어갔고, 삿초 동맹이 승리하면서 막부 정치가 끝나고 메이지(明治) 정부가 수립되었다.

메이지 정부 때 시모노세키는 다시 한반도를 침략하는 거점이 되었다. 1894년 동학운동을 빌미로 청나라 군대가 조선에 들어오면서 청일전쟁이 일어났는데 일본이 전쟁에서 승리했다. 그 결과 청과 일본은 시모노세키 에서 종전 조약을 체결했는데, 이것이 이른바 시모노세키 조약(馬關條約) 이다. 불과 30년 전 일본은 서양의 연합함대에 패하여 시모노세키를 개항 하고 배상금을 지불했는데, 이제 같은 장소에서 승리자가 되어 일본에 유리한 조약을 맺었다. 이후 일본의 조선 침략이 본격화되었다.

1905년 일본의 주도로 경부 철도가 부설되자 부산과 시모노세키 사이에는 부관(釜關) 연락선이 정기적으로 운행했고, 일제하의 강제 징용은 대부분 이 길을 따라 이루어졌다. 1926년에 성악가 윤심덕과 극작가 김우진은 이룰 수 없는 사랑을 비관하고 현해탄에 몸을 던졌는데, 그때 이들이 탔던 배도 바로 부관 연락선이었다.

일제가 한반도를 지배하는 동안 시모노세키와 부산을 연결하는 항로이외에도 시모노세키와 청진을 연결하는 항로가 개설되었고, 이는 다시 시베리아 철도와 연결되어 유럽 여행을 가능하게 했다. 이에 따라 일본 쪽에서 부관 연락선을 이용하는 승객도 크게 늘어났는데, 일본의 만주 진출이 정점에 이른 1941년에는 300만 명을 넘는 승객이 부관 연락선을 이용했다.

1945년 일본의 패전과 함께 한반도가 해방되면서 부산과 시모노세키를 연결하는 연락선은 끊어졌다. 그러다가 1970년에 부산과 시모노세키를 잇는 페리 호의 운행이 시작되어 오늘에 이른다.

2. 통신사가 방문한 시모노세키

조선시대에 통신사는 무로마치 막부 시기에 3회, 도요토미가 집권했을 때 2회, 도쿠가와 막부(에도) 시기에 12회 등 모두 17회나 파견되었다. 이 가운데 1811년 마지막 통신사가 쓰시마까지 온 것을 제외한 나머지 16회의 통신사는 모두 시모노세키를 방문했다. 시모노세키는 통신사가 들르는 첫 번째 도시였는데, 통신사 일행은 물결이 잔잔한 밀물 때를 기다리면서 일 주일 정도를 이곳에 머물렀다.

시모노세키의 풍경

부산포에서 출발한 통신사가 시모노세키에 이르는 길에는 삼대해(三大海), 즉 세 개의 큰 바다를 넘어야 했다. 오늘날에야 부산항에서 페리 호를 타면 불과 몇 시간 만에 도착하는 시모노세키이지만, 통신사가 여행할 때에는 이곳이 가장 위험한 코스로서 몇 번이고 죽음의 위기를 넘겨야 했다. 통신사가 마주치는 첫 바다는 부산포에서 쓰시마까지의 바다였고, 두 번째는 쓰시마에서 이키시마(壹岐島)를 거쳐 아이노시마(藍島)에 이르는 바다였으며, 세 번째는 아이노시마에서 시모노세키에 이르는 바다였다. 통신사들이 이곳을 지날 때에는 큰 파도와 함께 소용돌이치는 물살을 만났기 때문에 잠시도 안심할 수가 없었다. 그런데 시모노세키를 지나게 되면 잔잔한 내해(內海)로 들어가기 때문에 무사히 바다를 건너왔다는 안도를 할 수 있었다.

시모노세키는 부산포를 출발한 통신사가 처음으로 만나는 번화한 도시이기도 했다. 시모노세키는 육상과 해상을 연결하는 교통의 요지로 일본 국내는 물론이고 조선, 중국 등지와 통하는 길목이었다. 따라서 시모노세키는 항상 장삿배들이 붐벼 '작은 오사카(大阪)'라 불렸고, "들어가는 배가 천 척이고 나오는 배도 천 척이라[入船千隻 出船千隻]"는 말도 생겼다.

1607년에 시모노세키를 방문한 경섬(慶暹)은 그 모습을 다음과 같이 전했다.

민가가 번성하고 시장 가게가 연달아 있으며, 신궁(神宮)과 사찰이 언덕 위에 날아갈 듯이 서 있다. 바닷가에는 장삿배가 빽빽하여 강남 지역 명승지의 경치가 있다.

통신사가 도착한 항구의 현재 모습

1763년에 조엄(趙曮)이 본 시모노세키의 풍경도 비슷했다.

관소(숙소)에 이르기까지 왼편 해안에 민가가 서로 잇대어 있고, 사방의 장
삿배가 모두 모여들어 우리나라의 용산·마포와 같다. 그러나 집들이 화려하
고 화초가 우거진 것은 한층 훌륭하니 좋은 강산이라고 할 만하다.

통신사의 배가 간몬 해협에 들어서면 시모노세키에서 안내선 100여 척
이 바다 위로 마중을 나왔다. 이때 통신사의 배 곁에는 채색 호위선이 따
라붙었는데, 정사 배에는 청색 깃발, 부사 배에는 황색 깃발, 종사관의 배
에는 홍색 깃발을 단 배가 배정되었다. 이들 배는 배 전체를 단청으로 화

려하게 장식했는데, 낮에는 단청의 금빛이 햇빛에 비쳐 아름답게 빛났다. 통신사가 도착하는 시각이 밤이면 시모노세키 항구의 풍경이 인상적이었다. 1682년에 김지남은 땅거미가 진 다음에 시모노세키에 도착했는데, 항구 일대가 불야성을 이루는 장관을 보았다.

황혼이 된 뒤 적간관(시모노세키)에 십 리쯤 가까워지자 구름 속에 있던 달이 조금씩 밝아지며 바다하늘이 멀고도 넓어진다. 마중 나온 왜선들이 수백 척인데 전후좌우에서 일시에 등불을 켜고 멀리 바다 가운데를 덮고 있다. 그 찬란하기가 많은 별들을 벌여놓은 것 같은데, 배에 가까워지자 환하기가 대낮 등불을 보는 것 같다. 참으로 장관이었다.

채색선이 옆에서 호위하고 크고 작은 배들이 앞뒤에서 끄는 가운데 통신사가 탄 배가 항구에 도착하면, 선착장은 바닷물에 나무 기둥을 박고 그 위에 판자를 덮은 다음 자리를 깔았다. 항구로부터 5리 정도 떨어진 숙소까지의 길에는 모두 자리가 깔렸는데, 통신사 일행은 이 자리를 밟으며 숙소로 들어갔다.

통신사의 숙소, 아미다지

시모노세키에 도착한 통신사를 접대하는 것은 나카토 번의 모리 씨가 담당했다. 통신사가 이곳으로 온다는 소식을 들으면 모리 씨는 가노(家老)급의 무사를 행정장관으로, 무라카미(村上) 씨를 해상 경비 책임자로 임명했고, 쓰시마 번과 은밀히 연락을 취하면서 접대 시 의례나 경비에 대한 지시를 받았다. 행정정관은 숙소로 사용할 아미다지(阿彌陀寺)와 인조지(引接寺)를 수리하고 접대할 음식을 준비했으며, 무라카미 씨는 통신사의

18세기 조선 화원 이성린이 그린 〈사로승구도〉에 묘사된 시모노세키의 모습

배를 호위하고 예인하기 위한 항행 연습을 반복했다.

숙소인 아미다지에는 통신사 삼사(三使)와 상관(上官)들이 머물고, 그 이하의 관원들은 대개 인조지에 머물렀다. 그리고 통신사를 쓰시마에서 에도까지 안내하는 책임을 진 도주(島主)를 비롯한 쓰시마 사람들은 인근 관리의 집이나 민가에 머물렀다. 통신사가 숙소로 이르는 길에는 많은 사람들이 구경을 나왔다. 이들에게는 사전에 '부둣가에 선 채 구경하기', '망원경이나 여관의 2층에서 구경하기', '배를 타고 나가서 구경하기', '남녀가 뒤섞여 구경하기'를 단속한다는 명령이 내려졌지만 제대로 통제가 되지는 않았다. 통신사가 이동하는 길에는 언제나 이곳 주민들이 몰려나와 구경을 했다.

아미다지는 통신사가 도착하기 전에 말끔히 수리를 해놓았기 때문에 깨끗하고 화려한 건물이었다. 1718년에 신유한은 아미다지에 묵었는데, 새로 지은 숙소에는 금병풍, 비단 장막에 푸른 모기장을 치고 마루에 붉은 담요를 깔아 매우 사치스럽다고 했다. 아미다지 주변에는 각종 화초가 만발했다. 김지남은 "절의 앞뒤에 늙은 잣나무와 푸른 소나무, 동백, 대나무 등의 그늘이 너울거리고 매미 소리가 귀에 시끄럽다"라고 했고, 조명채는 "섬돌 옆의 대나무에 죽순이 나고 뜰에 심은 매화가 열매를 맺었으며 소철, 종려나무 등 갖가지 꽃나무가 기이하다"라고 했다.

아미다지에는 고득종의 시를 새긴 현판이 있었다. 고득종은 1439년에 이곳을 방문한 통신사였다. 이후 아미다지를 방문한 통신사들은 그 운자를 빌려 시를 지었는데, 1442년에 신숙주도 고득종의 시를 차운한 시를 지었다.

절 집이 높으니 속세의 자취가 끊어져
이곳에 올라서서 수선궁(水仙宮)을 굽어보네.
관(關)을 메운 흰색의 인가가 빽빽하고
바다를 짝한 청산은 시야를 트이게 한다.
천리 고국 땅에 돌아갈 마음뿐이련만
그 누가 나에게 돛단배를 빌어주리.
난간에 기대 묵묵히 서니 서글픈 생각 많은데
갈 길을 다시 물어도 그저 동쪽을 가리키네.

흰 구름 서북쪽으로 서울을 바라보니
비온 뒤 개인 빛에 보리밭이 평평하네.
속세를 떠난 선승들은 후의를 보이는데

앉아 있는 나그네는 무정키도 하여라.

서 있는 진흙상에서 언뜻 옛 자태를 살피고

낡은 성벽에서 남긴 자취 찾아보네.

적막 속에 꽃다운 혼 어느 곳에 조문하리.

저녁에 부는 바람 앞에 파도 소리 나는구나.

아미다지에서 내려다보이는 풍경을 보며 고향을 그리워하고, 시모노세키 앞바다에 빠져 죽은 안토쿠(安德) 천황을 조문하는 시이다.

아미다지는 통신사의 숙소로 쓰였지만 삼사의 숙소로만 사용된 것은 아니다. 1748년에 조명채는 종사관 자격으로 시모노세키에 들렀는데, 자신은 대문에 '성중산(聖衆山)'이란 현판이 걸린 건물에서 머물고 아미다지에는 제술관과 서기가 들어갔다. 조명채는 자신의 숙소에 대해 다음과 같이 말했다.

행각을 조금 돌아가면 다른 누각이 있는데 패에 '삼사가 모이는 자리[三使會席]'라고 썼다. 벽에 족자 그림 셋을 걸었고 밑에는 크고 긴 책상 하나를 두었는데 나전으로 그림을 박았다. 상 위에 놓인 청동화로는 사자 형상으로 만들었는데 조각이 기묘하고 가운데에 침향(沈香) 부스러기를 담았다. 누각의 형세는 높고 평평한 데를 차지하여 바닷물을 굽어보는데, 돛배가 바람을 안고 번개처럼 지나가니 눈에 보이는 광경이 절경 아닌 것이 없다. 이곳은 한번 자고 지나는 곳에 지나지 않는데도 백 가지 화려한 기구들이 하나도 예사 물건이 아니니, 풍습이 사치스럽고 재력을 낭비하는 것을 알 만하다.

1763년에 정사인 조엄은 아미다지 옆에 새로 지은 건물을 숙소로 사용했고, 아미다지는 중관(中官), 하관(下官)들의 숙소가 되었다. 이때 원중거는 예전에는 아미다지가 삼사의 숙소로 쓰였는데 '내왕원(來往院)', '영접사(迎接寺)'라고 쓴 현판이 있다고 했다. 1748년 이후로 통신사 삼사들은 아미다지 이외의 건물에 숙박한 것으로 보인다.

안토쿠 천황을 조문함

아미다지 옆에는 안토쿠 천황을 모신 사당이 있었다. 안토쿠 천황은 1180년에 3세의 나이로 천황이 되었는데, 신하로 있던 다이라 기요모리(平淸盛)와 미나모토 요리토모(源賴朝) 사이에 치열한 권력 다툼이 있었고 이는 전쟁으로 발전했다. 일본사에서 말하는 '겐페이소하(源平爭覇)'이다. 이때 천황의 조모인 고시라가와 황후(後白河皇后)는 다이라(平) 씨와 정을 통하는 사이였는데, 권력 다툼은 결국 미나모토(源) 씨의 승리로 끝났다. 최후의 전장은 시모노세키의 앞바다인 단노우라(壇の浦)에서 있었는데, 다이라 씨의 패전이 확실해지자 황후는 안토쿠 천황을 안고 물속으로 뛰어들었고, 그를 따르던 시종과 시녀들도 모두 물에 빠져 죽었다. 안토쿠 천황이 8세이던 1185년의 일이다. 권력을 장악한 미나모토 요리토모는 스스로를 간바쿠(關伯)라 칭하고 가마쿠라(鎌倉) 막부를 열었는데, 이후 천황은 명목만 유지할 뿐 정치적 실권을 행사하지 못했다.

안토쿠 천황이 사망한 후 사람들은 진흙으로 상을 만들고 천황과 함께 사망한 사람들의 화상을 그려놓고 제사를 지냈는데, 그 사당이 바로 아미다지 옆에 있었다. 따라서 아미다지를 방문한 통신사라면 안토쿠 천황의 소상(塑像)을 목격하고 어린 나이로 비참하게 죽은 천황을 떠올렸다.

안토쿠 천황에 대한 고사는 이미 1471년에 편찬된 신숙주의 『해동제국기』에 등장한다. 1185년 3월에 단노우라에서 다이라 씨가 패전하자 조모가 천황을 품에 안고 바다에 빠져 죽었으며, 그때까지 나가토주(長門州)에서 소상을 만들어 제사를 지낸다는 내용이다. 조선 후기에 들어와 안토쿠 천황은 송운대사(松雲大使) 때문에 유명해졌다. 송운대사 유정(사명당)은 1604년에 일본을 방문하여 임진왜란 때 끌려간 조선인 포로 3,500명을 데리고 오는 공을 세웠는데, 아미다지에서 안토쿠 천황을 조문하는 시를 지었던 것이다.

1636년, 김세렴이 아미다지에 들렀을 때 아미다지의 승려가 작은 상자를 내보였는데 뚜껑에 '조선조칙사시(朝鮮朝勅使詩)'라고 씌어 있었다. 상자를 열자 송운대사가 사신으로 와서 안토쿠 천황을 조문하며 지은 시 3수가 나왔는데, 김세렴은 그 운자를 따서 시를 지었다.

> 아미다지 승려가
> 송운대사가 안토쿠 천황을 조위(弔慰)한 시를 바치기에 차운하다
>
> 다 같이 빠졌는데 어느 사람이 건져줄까
> 이제껏 남은 사당 물안개 사이에 남았구나
> 박다진(博多津) 나룻가의 한밤중 달은
> 백옥 같은 궁녀 얼굴에도 비추었으리
> 淪胥何人得濟艱 只今遺廟水煙間
> 博多津畔三更月 曾照宮娥白玉顔.
>
> 사찰은 쓸쓸하구나, 고성의 옆인데
> 안덕(安德)의 사당엔 풀과 나무가 무성하네
> 북 치며 신에게 제사하던 마을 처녀들 흩어지니

푸른 하늘 끝이 없고 바다는 아득아득

梵宮寥落古城傍　安德祠堂草樹荒

擊鼓賽神村女散　碧空無際海茫茫

십 년의 원한을 어찌 다할 수 있으리

울음 머금은 찬 파도가 날마다 동으로 향하는데

객이 찾은 옛 사당에 봄기운 고요하고

몇 가락 들리는 시골 젓대 소리 석양에 잠기네

十年怨恨欲何窮　嗚咽寒派日向東

客來古祠春寂寂　數聲村笛夕陽中

　　이후 아미다지를 방문한 조선인들은 송운대사의 시와 그 후에 지어진
통신사들의 시를 보면서 같은 운자를 사용하여 시를 짓는 것이 하나의 관
례가 되었다.

　　통신사 일행이 안토쿠 천황의 사당에 들러 구경하는 것도 관례가 되었
다. 1607년 3월 26일(음력)에 경섬은 안토쿠의 사당에서 승려들이 음식을
차려놓고 밤새 불경을 외우는 것을 보았는데, 이날이 마침 그가 빠져 죽은
날이었기 때문이다. 1617년에 이경직은 안토쿠 천황의 소상을 보았는데,
천황과 함께 죽은 사람들의 초상을 보고 "오랑캐(일본) 중에도 섬기는 자
에게 충성하기를 이같이 했는데 난리(임진왜란)로 인해 국왕(선조)을 방치
한 사람은 어찌 부끄럽지 않겠는가?"라고 반문했다.

　　안토쿠 천황의 사당을 가장 상세하게 묘사한 사람은 1682년에 방문한
김지남이다. 김지남은 정사(윤지완)가 사당의 문을 열게 하는 바람에 들어
가 구경을 했는데, 그 광경을 다음과 같이 기록했다.

안토쿠 천황의 소상

상사(上使)가 승려를 시켜 신사(神社)를 열어 구경하게 했다. 정당(正堂)에 소상 하나가 있는데, 앉은 데를 금으로 장식하고(순금으로 해·달·별과 여러 보물의 모양을 만들어 붉은 실로 꿰고, 진후좌우에 술을 드리워놓았다), 주야로 등불을 밝힌다. 옆방에는 안덕(安德)과 원뢰조(源賴朝)가 싸우던 모습을 그렸는데, 금빛 채색이 찬란해서 완연히 싸움터를 실지로 목격하는 것과 같다.

이를 보면 안토쿠 천황의 소상을 모신 방이 중앙에 있고 이와 별도로 단노우라의 전투 장면을 그린 벽화가 있는 방이 있었던 것으로 짐작된다.

그런데 1718년에 이곳을 방문한 신유한은 안토쿠 천황의 사당을 볼 수 없었다. 신유한은 이전에 온 통신사들은 모두 사당을 보았는데 지금 이를 보여주지 않는 것은 사당이 좁고 누추하여 손님들이 보면 수치스럽기 때문일 것이라고 짐작했다. 신유한은 함께 온 쓰시마의 지도급 인사들이 안토쿠 천황에 관한 시를 지은 것을 보고는 다음과 같이 말했다.

이들의 시를 보니 모두 원뢰조(源賴朝)의 무도함을 분하게 여기고 천황의 불행을 슬퍼한다. 어린 나이에 사리에 어두워 적신(賊臣)에게 핍박당해 달아나다가 바다에 빠졌으니, 나라 사람들이 애도할 만한 일이다. 이 뒤로 드디어 황도(皇都)를 옮기고 임금을 우상처럼 앉혀 제(帝)라고만 부르고 정치에는 관여하지 못하게 하고 나라를 오로지 관백(關伯)에게 맡긴 것이다. 그래서 소위 천황은 비로소 베개를 높이 베고 편한 잠을 잘 수 있었던 것이다.

시모노세키에서 통신사에게 안토쿠 천황의 사당을 공개하지 않은 것은 1711년에 시작되었다. 1748년에 조명채는 "왜인들이 자기 나라의 아름답지 못한 일을 남의 나라에 드러낼 수 없다고 하면서 보여주지 않는 것"

이라며 아예 이곳을 보고 싶다는 말을 하지 않았고, 1763년에 호기심 많은 남옥은 사당을 구경하려고 시도하다가 뜻을 이루지 못했다. 이에 남옥은 "안토쿠 천황에 관한 일은 일본에서 꺼리는 것인데, 예전에는 왜인들이 이를 모르다가 지금 비밀로 하는 것을 보면 문명이 조금씩 열리는 것을 알 수 있다"고 했다.

안토쿠 천황의 죽음을 계기로 일본에서는 천황이 권한을 상실하고 신하가 실권을 행사하는 막부정치가 시작되었다. 통신사 일행은 안토쿠 천황의 사당을 보면서 일본의 막부정치를 비판하는 동시에 군신 간의 의리를 되새기는 기회로 활용했다.

시모노세키의 명물, 벼루

통신사가 시모노세키에서 받는 선물 가운데 제일 명품은 벼루였다. 조선 후기의 통신사들은 시모노세키의 특산물인 벼루의 돌이 문자성[모지조(文字城)]에서 나오는 것으로 알았는데, 문자성은 숙소에서 멀지 않은 곳에서 바라보이는 산성이었다. 문자성에 대한 기록은 조금씩 차이가 나는데, 성벽과 보루를 쌓고 전쟁을 하던 곳이며 도쿠가와 막부 초기에 막부의 명령으로 허물어버렸다는 점에서는 일치한다. 김세렴이나 성대중은 문자성이 아카마가세키의 맞은편에 있다고 했는데, 그렇다면 간몬 해협을 사이에 두고 시모노세키와 마주한 기타큐슈의 모지(門司)를 말하는 것으로 보인다.

1655년에 남용익은 문자성이라는 이름에 관심을 가지고 시를 지었다.

창힐(蒼頡) 이전에는 문자가 없었는데
이 성은 당시에 무슨 이름이 있었던가?

시모노세키의 벼루

> 서불(徐巿)은 진시황이 책을 불태우기 전에 왔으니
>
> 완전한 경이 이 성에 남아 있는 것인가?

　문자는 창힐이 처음 만들었으니 그 이전에는 문자란 이름 대신에 무슨 이름이 있었을까. 진시황의 사자인 서불(徐巿)이 불로초를 구하려고 일본에도 왔다고 하는데, 혹시 그가 가져온 경전이 여기에 있는 것은 아닐까라고 노래한 것이다.

　그러나 후대로 갈수록 벼루 때문에 문자성이란 이름이 생겼다고 보는 견해가 많아졌다. 벼루는 문자를 쓰는 데 꼭 필요한 물건인데 벼룻돌이 이곳에서 나왔기 때문에 문자성이라 한다는 것이다.

　1711년에 임수간은 시모노세키에서 벼루를 선물로 받았다. 시모노세키 사람들이 큰 벼루와 작은 벼루, 금칠한 종이를 선물하면서 글씨를 부탁한 것이다. 임수간은 이 벼루들이 모두 시모노세키의 돌로 만든 것인데 예전부터 진귀한 물건이라는 소문이 났다고 했다. 1763년에 조엄은 시모노세키의 벼루가 천하에 유명하여 예전에 온 통신사들이 시에서 많이 언급을 했고, 시모노세키의 바다 이름을 벼루 연(硯)자를 써서 연수포(硯水浦) 혹은 연지해(硯池海)라 한다고 했다.

시모노세키의 벼루는 돌이 붉거나 푸른색을 띠며 윤기가 나는 것이 특징이었다. 1763년에 남옥은 벼루를 선물 받았는데, 자세히 살펴보고는 검푸른 빛이 도는 것은 조선의 감포나 연일에서 생산되는 것과 같고, 붉은 것은 안동에서 생산되는 것과 같다고 평했다. 조선의 벼루도 좋지만 시모노세키의 벼루도 그 못지않게 좋았다는 말이다.

한국사와 관련이 있는 유적지

시모노세키에 있었던 종기도(鍾崎島)와 백마총(白馬塚)은 한국사와 관련이 있는 유적지이다.

종기도는 간몬 해협에 들어가기 직전 기타큐슈의 북쪽 바다에 있는 섬인데, 이름을 종기(鍾崎)라 한 것은 수백 년 전 일본인들이 조선의 큰 종을 싣고 가다가 이곳에서 빠뜨렸기 때문이었다. 도쿠가와 이에야스가 이 종을 꺼내기 위해 종 머리에 쇠줄을 매어 1만 명을 동원하여 끌어올렸지만 실패했고, 이후 조선 국왕이 선물한 닛코 산(日光山) 종을 싣고 이곳을 지나갈 때에는 미리 승려들을 모아 제사를 올리고 치쿠젠슈(筑前州)의 배를 전부 동원하여 호위했다는 것이다.

1655년에 이곳을 지나던 남용익은 조선 종 이야기를 듣고 시를 지었다.

이 땅의 이름이 무슨 뜻인가
신기한 종의 이상한 고적이 전하네
솥이 물에 빠졌는데 진(秦)나라가 어찌 얻으며
승로반(承露盤)이 꺾였다고 위(魏)나라가 어찌 옮기리
보기(寶器)는 하늘이 아끼고 숨기는 것이니

잠겨 있는 종소리가 물을 쳐서 퍼지네

여전히 조(趙)나라를 중하게 여기는 뜻을 보존하여

왕래하는 배를 부지런히 보호하네.

도쿠가와가 바다에 빠진 종을 건져 올리지 못한 것은 진나라, 위나라가 보물을 얻지 못한 것과 같으며, 조선종은 바다에 잠겨 있으면서 이곳을 지나는 조나라, 즉 조선의 통신사를 보호한다는 내용이다.

백마총은 간몬 해협 해안의 언덕에 있던 말 무덤을 말한다. 신라가 수군을 파견하여 일본을 공격한 일이 있는데 일본인들이 강화를 요청했다. 이때 시모노세키에서 흰 말을 잡고 양국이 맹세를 했으며, 죽은 말의 무덤을 만든 것이 바로 백마총이라는 것이다. 신유한은 일본에는 무덤 제도가 없는데 무덤의 모양을 보니 틀림없이 신라 사람이 만든 것이라고 했다. 1748년에 조명채가 백마총의 위치를 묻자 그를 안내하던 일본인은 전해 들은 바가 없다고 대답했다. 그러나 통신사들은 일본인이 일부러 숨기는 것이며 백마총이 실재한다고 확신했다.

통신사와 교류한 유학자

통신사가 시모노세키에 도착하면 나가토슈(長門州)의 유학자들은 숙소인 아미다지에 몰려들어 통신사 일행과 시를 주고받거나 자기 문집의 서문을 구했다. 특히 도쿠가와 막부 중기에는 나가토슈의 학교인 메이린칸(明倫館)이 세워졌는데, 이곳에 소속된 유학자들은 통신사와의 교류를 통해 학자로서의 명성을 얻거나 자기 지위를 확고히 할 수 있었다.

1718년에 신유한은 시모노세키에서 소창정(小窓貞)을 만났다. 호가 성재(省齋)인 소창정은 주자학 계통의 학자인 하야시 라잔(林羅山)의 제자로

에도에서 공부했는데, 나가토슈의 태수인 모리 요시모토(毛利吉元)가 자기 번의 학자들을 양성하기 위해 특별히 교수로 초빙해온 인물이었다. 신유한은 숙소에서 소창정을 만나 필담을 나누었는데, 그의 용모가 단정하고 행실이 순후하며 서적을 널리 보아 말하는 것이 사랑스럽고 지은 글도 우수하다고 했다. 다만 그의 다리가 온전치 못하여 걸음걸이가 불편했으며 앉을 때에도 두 무릎을 꿇고 앉지를 못했다고 한다. 신유한은 에도를 방문한 다음 돌아가는 길에 소창정을 다시 만나 필담을 나누고 시를 지었다.

1763년에 시모노세키를 방문한 성대중, 원중거, 남옥은 나가토슈에서 세자시독(世子侍讀)으로 있던 다키 나가야스(瀧長愷)를 만났다. 그는 호가 미팔(彌八)이고 국학자인 오규 쇼라이(荻生徂徠)의 제자였는데, 통신사 일행들은 시모노세키에 오기 전에 이미 그의 이름을 듣고 있었다. 이 무렵 다키 나가야스는 에도에 있는 나가토슈 태수의 번저(藩邸)에 있었는데, 통신사가 만나기 위해 일부러 시모노세키로 돌아오는 열성을 보였다. 다키 나가야스는 국학계열의 학자였으므로 정주학의 중요성을 말하는 조선인들의 견해에 동의하지 않았지만 가장 허심탄회하게 교유를 한 사람이었다. 그는 사흘 동안 연속으로 조선 학자들을 만나 필담을 나누었고, 안토쿠 천황의 사당을 구경할 수 있도록 중간에서 주선에 나서기도 했다.

1764년에 통신사가 에도에서 돌아오는 길에도 다키 나가야스는 통신사 일행을 만나기 위해 두 번씩이나 가미노세키*까지 마중을 나갔다. 시모노세키에서 다시 통신사 일행을 만난 다키 나가야스는 이전처럼 시문을 교환하려 했지만, 통신사는 귀로에 오사카에서 최천종이 쓰시마 인에게 피살되는 사건을 당했기 때문에 이에 응하지 않았다. 그를 안타깝게 여긴 남

---

* **가미노세키(上關)** 야마쿠치 현(山口縣)의 남동부에 있는 마을.

옥이 "이전에 며칠 동안 함께 만나 여러 편의 시를 수창한 것을 잊을 수가 없는데, 전에 없는 변고 때문에 옛 맹세를 계속할 수 없으니 이 또한 운수가 있는 것이오"라고 위로하자 다키 나가야스는 눈물을 흘렸다. 이때 다키 나가야스는 지난번에 통신사 일행과 수창했던 시전지를 책자로 만들어 보배로 간직하고 있었다. 원중거는 "풍채가 편하고 한가로우며 중후하여 외국사람 같지가 않았고, 식견도 넉넉하고 넓었다"라고 평했다.

3. 21세기에 방문한 시모노세키

조후 박물관

우리 답사팀이 시모노세키를 방문한 것은 2006년 8월 4일 점심때였다. 몇 년 만에 찾아온 무더위인지 햇볕은 대지를 뜨겁게 달구었고, 냉방 장치가 가동되는 버스에서 내릴 때에는 결단이 필요했다. 우리 일행은 먼저 조후(長府) 관광회관 2층에 있는 식당에서 점심을 먹었다. 회관 건물 옆에는 메이지 유신을 상징하는 유신교(維新橋)가 눈에 들어왔다.

식사 후에는 성하정[조카마치(城下町)] 마을을 거쳐 조후 박물관으로 이동했다. 성하정 마을은 단구가와(壇具川)를 끼고 양쪽으로 펼쳐졌는데, 꽃들이 탐스럽게 핀 사이를 흐르는 개천에는 오리가 한가롭게 떠 다녔고, 길가에 나지막하게 늘어선 무사들의 집은 무더위에 지친 여행객의 마음을 한결 가볍게 했다. 무사의 집 가운데 몇 채는 개조를 해서 찻집으로 사용하고 있었는데 문득 들어가 쉬고 싶은 유혹을 느꼈다.

박물관 건물은 고잔지(功山寺) 경내에 있었다. 사찰의 총문(總門)에는 17세기에 이 지역을 지배했던 모리 히데모토가 기증한 현판이 걸려 있고, 정

「징비록」 조후 박물관

면의 불전(佛殿) 건물은 일본 국보로 지정된 오래된 사찰이었다. 고잔지로 오르는 길의 오른편에는 모리 씨의 저택이 있었는데, 이번 길에는 들르지 않았다. 조후 박물관 건물은 도쿠가와 막부 말기에 세워진 것인데, 개항기 때 간몬 해협을 지나가던 서양 선박을 향해 대포를 쏘았던 조슈포(長州砲)를 전시한 것이 이채로웠다.

조후 박물관은 마침 기획전시를 하고 있었다. 고지도로 본 시모노세키, 시모노세키의 대외교섭, 모리 히데모토 등을 주제로 한 전시였는데, 통신사와 관련된 자료와 시모노세키 고지도가 특히 눈에 띄었다. 전시품 중에는 임진왜란 때 도요토미 히데요시가 전공을 세운 모리 씨에게 선물한 조선 짚신이 있었고, 일본에서 간행한 『징비록』도 있었다.

18세기 초에 임수간은 동래 왜관에 상주하는 일본인이 1,000명을 넘으며 이들이 조선의 서적을 모두 구입해간다고 개탄했다. 『징비록』 역시 동래 왜관을 거쳐 일본으로 들어온 것을 재간행한 것인데, 임진왜란 때 영의정을 역임한 유성룡은 이 책에서 조정의 실정과 전쟁의 참상을 자세히 기록했다. 그런 『징비록』이 조선보다 일본에서 더 많이 보급된 사실은 정보화 시대를 사는 오늘날에도 유의할 대목이다.

아카마 신궁

박물관 관람을 마친 우리 일행은 통신사의 숙소가 있던 아카마 신궁(赤間神宮)으로 이동했다. 간몬 해협을 따라서 난 해안 도로를 이용했는데 간몬교 근처에는 포대가 있었다. 시모노세키 전쟁 때 해협에 들어온 서양 선박을 향해 불을 뿜었던 포대이다.

아카마 신궁의 정면에는 통신사들이 도착했던 옛 항구가 펼쳐진다. 항구에는 시멘트 계단이 만들어졌고 그 위에 오래된 닻이 있는데, 겐페이소하(源平爭覇) 때 이곳에 빠져 죽은 안토쿠 천황과 다이라 씨의 영혼을 위로하고 간몬 해협의 평안을 기원하기 위해서라고 적혀 있다.

항구에서 아카마 신궁으로 가는 도로변에 청동으로 만든 동상 하나가 있었다. 어머니가 아기를 안고 있는 모습이었는데, 보기에 따라서는 고시라가와 황후가 안토쿠 천황을 안고 바다에 뛰어들기 직전의 모습 같기도 했다.

아카마 신궁은 언덕 위에 있었는데 건물 전체를 덮은 붉은색 단청이 선명하게 보였다. 지금 아미다지는 사라지고 그 자리에 신궁이 있는 것이다. 신궁에 오르자 궁사(宮司)가 우리를 반갑게 맞이했다. 필자는 이전에도 신사(神社) 여러 곳을 방문한 경험이 있는데, 대개는 참배객들과 함께 본전

항구 도로변의 모자상

아카마 신궁의 모습

(本殿) 앞까지 올라가 건물을 바라볼 뿐이었다. 그런데 이번에는 참배객들
이 있는 안쪽에 의자를 놓고 우리를 기다리고 있었다.

　궁사는 우리에게 두 개의 자료를 보여주었다. 첫 번째 자료는 18세기의
시모노세키 모습을 그린 그림의 사진이었다. 그림 원본은 현재 국립중앙
도서관이 소장하고 있는 <사로승구도(槎路勝區圖)>에 포함되어 있는데,
1748년에 통신사 일행으로 이곳을 방문한 화원 이성린이 그린 것이다.

　두 번째 자료는 1711년에 부사로 이곳을 방문한 임수간의 시가 적힌 시
전지였는데, 임수간이 친필로 쓰고 말미에 '서하(西河)' · '정암(靖庵)' 도장
을 찍은 원본이었다. 역시 송운대사의 시를 차운한 이 시는 300년이 다 되
어가는 지금까지도 보존 상태가 양호했다. 현재 아카마 신궁이 소장하고

있는 통신사의 시는 이것 한 점뿐이었다.

임수간의 시 역시 안토쿠 천황의 죽음을 조문하는 내용이다.

안덕사에서 앞서 온 사신의 시를 차운함

安德祠次前使臣韻

외로운 고아와 늙은이가 어려운 때를 만나

나라의 운명은 바다 섬 사이에서 위태로웠네.

남은 한은 깊고 깊어 바다보다 더 하고

황량한 사당 고요한데 생전 얼굴을 의탁했네

熒然孤寡屬時艱　　　國步顚連海島間

遺恨滄溟深未極　　　荒祠寂寞托生顏

떠나는 배 저물녘에 적간관 곁에 의지하여

천황의 깃발이 대황(大荒)에 떨어질 때를 상상하네

어부의 죽지사(竹枝詞) 곡은 천 년 역사를 원망하고

무수한 근심과 생각은 아득히 흩어지나니

征帆晚倚赤關傍　　　像想靈旗降大荒

一曲竹枝千古怨　　　雲愁海思杳茫茫

조수가 오고가는 것 어느 때야 그치리

정위(精衛)는 푸른 바다 동쪽의 모래를 머금네

이역의 흥망은 물을 곳이 없고

석양 비치는 물안개 속에서 뱃길을 돌리네

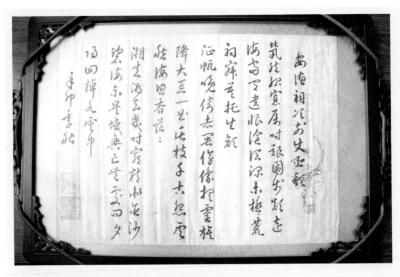

아카마 신궁에 있는 임수간의 시

潮來潮去幾時窮　　精衛含沙碧海東
異域興亡無處問　　夕陽回棹水雲中

－신묘년(1711) 9월　辛卯季秋

　아카마 신궁을 나온 우리 일행은 신궁 서쪽에 있는 보물전(寶物殿)으로
걸음을 옮겼다. 이곳은 안토쿠 천황의 사당에 있던 물품을 전시한 곳인데,
입구를 들어서자 정면에 안토쿠 천황의 소상이 있었다. 이 소상은 높이가
1m 정도 되는 입상으로, 실제 천황의 크기와 같은 등신상일 것으로 짐작
되었다. 소상의 뒤쪽 벽에는 다이라(平) 씨와 미나모토(源) 씨의 전투 장면
을 그린 기록화가 있었다. 1682년에 이곳을 방문한 김지남의 기록을 따르

아아카마 신궁 보물전의 모습

면, 이곳에는 안토쿠 천황의 소상을 모신 정당 건물이 있고 그 옆방에 전
쟁 모습을 그린 기록화가 있었다. 그러나 지금은 그 건물들이 모두 사라지
고 여러 방에 나뉘어 있던 유물들이 한곳에 모여 있다.

보물전을 나와 서쪽으로 이동하자 귀가 없는 방일(芳一)의 좌상을 모신
건물이 나타났다. 방일은 아미다지의 승려였는데 매일 밤 다이라(平) 씨의
망령에 이끌려 단노우라 바닷가에 나가 비파를 타다가 귀신에게 두 귀를
잃어버린 사람이었다. 방일의 좌상 옆에는 다이라 씨 일가의 묘소가 있었
는데 이들은 모두 안토쿠 천황과 운명을 함께한 사람들이었다. 다이라 씨
일가 묘소 앞에는 안토쿠 천황의 능(陵)이 있었는데 이곳을 관람하지는 못
했다.

전체적인 위치로 볼 때 아카마 신궁은 옛날 아미다지에 해당하며, 안토쿠 천황의 소상이 있는 보물전과 그 서쪽 지역은 예전의 사당 구역이었던 것으로 짐작된다. 그러나 지금은 아미다지와 안토쿠 천황의 사당을 모두 볼 수 없게 된 것이 못내 아쉬웠다. 시모노세키에서는 매년 5월에 안토쿠 천황을 기리는 선테이사이(先帝祭) 축제가 열린다. 여행 안내서에는 '호화 스럽고 현란한 축제'라고 소개되어 있다.

아카마 신궁을 끝으로 우리 일행은 시모노세키를 떠났다. 짧은 일정이 라 미처 보지 못한 것이 많았지만 후일을 기약하는 수밖에 없었다. 시모노 세키는 앞으로도 여러 번 들르고 싶은 도시이다. 고대사부터 현대사에 이 르기까지 우리 한국사와 많은 인연을 가진 도시이기 때문이다.

제4장

히로시마 시모카마가리

강태원

통신사가 세토나이카이에 들어서면서
가장 먼저 들른 곳이 바로 시모카마가리이다.
12회의 통신사행에서 11번이나 들렀을 정도로 인연이 깊은 곳이다.
지금도 옛날과 마찬가지로 시골의 모습을 그대로 보여주고 있었다.
440여 호에 인구는 3,200여 명 정도의 작은 섬으로,
겨울에도 날씨가 따뜻해 밀감이 많이 생산되고
해초를 넣어 만든 소금이 유명한 특산물이라고 한다.

히 로 시 마　시 모 카 마 가 리

히로시마 하면 우리는 원폭을 떠올리곤 한다. 원폭으로 수많은 조선인이 죽었던 히로시마에는 피폭의 후유증으로 지금도 고통을 겪고 있는 사람이 많다. 이처럼 한국인에게 히로시마는 아픔을 간직한 지역이다. 그러나 시대를 좀 더 거슬러 올라가면 조선과 교류하면서 서로에 대한 우정이 남아 있는 지역임을 알게 된다. 그곳이 바로 히로시마 현의 시모카마가리(下蒲刈)와 도모노우라이다. 이곳에는 지금도 통신사와 관련한 유적과 일화가 전해오고 있고 이곳 사람들은 조선에서 온 통신사 방문을 기념하고 있다.

2006년 8월 조선통신사 문화사업회 주관으로 '조선통신사 옛길을 따라서' 옛 통신사가 갔던 길을 가며 통신사가 묵었던 지역을 방문하는 행운을 얻었다. 옛날 통신사는 배를 타고 험난한 바닷길로 갔지만 우리는 에어컨이 설치된 버스를 타고 편안히 방문할 수 있었다. 변한 시대만큼이나 가는 방법도 달랐고, 방문에 대한 감회도 달랐다. 임진왜란 이후 조선에서는 일본을 '같은 하늘을 이고 살아갈 수 없는 원수'로 간주했다. 그럼에도 불구하고 12회에 걸쳐 사절단을 파견했다. 사절단의 파견은 임진왜란으로 끌려간 조선인을 데려오고 일본의 방문에 대한 답방 형식으로 시작되었다. 그래서 회답 겸 쇄환사(回答兼 刷還使)라 불렸다. 이에 반해 일본에서는 조선내조사, 내빙사(來聘使), 조선신사(朝鮮信使) 등 다양한 이름으로 불렸다. 심지어는 조공사라 간주하기도 했다. 그러다 이후 '신의로써 교류한다'는 의미의 통신사(通信使)란 호칭이 사용되었다. 이처럼 서로 부르는 명칭은 달랐는데 이는 상대방보다 자신들이 우월하다는 의식이 반영되어 있었다.

통신사를 파견하는 목적도 달랐다. 조선에서는 일본 막부[바쿠후(幕府)]의 장군이 바뀔 때 이를 축하한다는 명분이었지만 실질적인 이유는 일본의 국정을 탐색하는 것이었다. 이에 반해 일본에서는 막부의 권위를 과시하고, 지방 번에 조선통신사 접대 비용을 부담시켜 번의 재정을 압박하고 다이묘의 힘을 약화시키는 데 목표를 두었다고 한다. 이처럼 조선과 일본은 서로 목적을 달리하고 있지만 낯선 외국의 문물을 접할 수 있는 기회가 되기도 했다.

한편, 일반 백성들은 통신사 접대를 위해 엄청난 비용을 감당해야 했고, 각종 역에 동원되었다. 이는 힘든 부담이며 고통이었다. 외교사절단으로 사행에 나선 사람들 역시 길과 물이 낯선 4,700여 리의 먼 길을 1년여에 걸쳐 여행한다는 것은 위험하고도 힘든 일이었다. 당시 여정이 얼마나 외로웠는지는 1655년 사행에 올랐던 남용익이 시모카마가리에서 읊은 시를 통해 그 심정을 짐작할 수 있다.

빈 마루 가을비에 늦게나마 서늘해지니

밤새도록 벌레소리 시름을 읊조리네

긴 여정은 언제 끝이 나려나

잠시 맑은 꿈 꾸었네

쓰시마로 가는 사람 드무니 편지 전하기 어렵고

땅이 원산*에 가까우매 정이 슬퍼지기 쉽구나

갑작스레 지난밤 배 맨 곳을 생각하니

십 리의 늪이 성으로 변하였네

어젯밤 하늘이 얼음과 눈처럼 맑고 서늘하니

높은 다락이 바로 신기루를 눌렀네

흰 모시 옷이 나부끼매 바람 찬 것이 싫고

촛불의 푸른 연기 멎으매 달 밝은 것이 사랑스럽네

먼 외국에 오니 비로소 우리 고향 즐거운 줄 알겠고

긴 여정에 친구의 우정 돈독함을 더 잘 알겠구나

돌아갈 배 망망한 고역의 바닷길 아득하니

누가 부처를 시켜 편안히 쉬어갈 성을 만들어주게 할 것인가?

먼 길의 객을 근심 어리게 하는 어제, 오늘 비

객은 타향에서 고향을 꿈꾸네

뱃노래 한 곡 듣는 것이 좋아

왜주 삼 배도 거절하지 않는다.

— 남용익, 『부상록』(1655)

* **원산** 원숭이가 있는 산. 일본의 땅을 말한다.

가을비를 보며 지은 이 시는 고역, 행역 등으로 표현하면서 통신사 여정에서 느끼는 외로움과 어려움을 잘 드러내고 있다.

당시 통신사의 일본 방문은 부산에서 바닷길을 따라 쓰시마 섬, 이키시마 섬, 지금의 시모노세키 항인 아카마세키(赤間關)를 거쳐 세토나이카이[세토 내해(瀨戶內海)]로 지나 오사카(大阪)에 도착했다. 여기서부터는 걸어서 막부가 있는 에도로 들어갔다. 이러한 먼 길을 여행하는 동안 묵었던 지역 중 하나가 바로 시모카마가리이다. 과연 세토나이카이의 첫 기항지인 이곳에서는 통신사를 어떻게 맞이했고, 어떤 교류가 이루어졌을까? 그리고 오늘날 이 지역은 당시 교류를 어떻게 기억하고 있을까?

1. 해상역 산노세 항 시모카마가리의 옛날과 오늘

통신사가 세토나이카이에 들어서면서 가장 먼저 들른 곳이 바로 바로 시모카마가리이다. 세토나이카이에 섬 네 개가 그림처럼 떠 있고, 예로부터 교통의 요충지여서 산노세(三ノ瀨)라는 해상역이 만들어져 있었다. 이 섬은 행정구역으로는 히로시마 현 구레(吳) 시에 속한다. 12회의 통신사행에서 11번이나 들렀을 정도로 인연이 깊은 곳이다. 지금도 옛날과 마찬가지로 시골의 모습을 그대로 보여주고 있었다. 440여 호에 인구는 3,200여명 정도로 작은 섬으로, 겨울에도 날씨가 따뜻해 밀감이 많이 생산되고 해초를 넣어 만든 소금이 유명한 특산물이라고 한다. 옛날에는 배로 드나드는 섬이었지만 지금은 아키나다(安藝灘) 다리가 건설되어 차로도 갈 수 있다.

이곳에는 외국 상선과 지방 번의 사람들이 많이 드나들었다고 한다. 그래서 에도 막부에서는 해상역을 설치했고, 히로시마 번(廣島藩)은 행정관

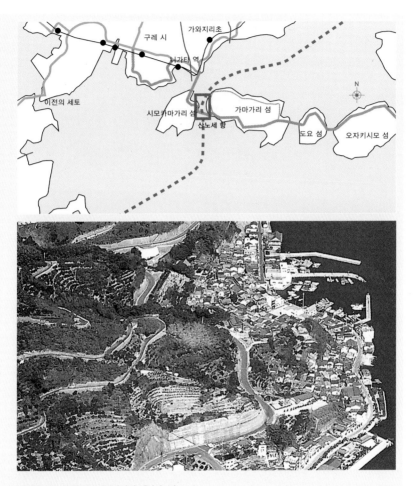

해상역 산노세 항 시모카마가리의 옛날과 오늘

청인 반쇼(藩所)와 공공 여관인 혼진(本陣) 등의 시설을 갖추었다고 한다.
당시의 이곳의 모습을 남용익은 이렇게 묘사했다.

〈사로승구도〉에 묘사된 가마가리(蒲刈)의 모습

"이 땅은 안예주에 속하며, 한쪽 변두리는 육지에 닿아 있는데 인가가 70여 호나 된다."

또한 1748년 통신사행의 조명채는 당시의 시모카마가리는 300여 호로 인구는 약 1,000여 명이었다고 기록하고 있다. 또한 1748년 통신사행의 화원인 이성린(李聖麟)이 그린 <사로승구도(槎路勝區圖)>의 10번째 그림에서 당시의 이 지역의 모습을 엿볼 수 있다.

마을 뒤로 산이 둘러싸고, 해안을 따라 이어진 집들이 오늘날의 이 지역 모습과 너무나도 닮아 있다. 또한 당시 배의 모습과 접안시설이 잘 묘사되어 있다. 썰물일 때는 이곳에 배를 대는 것이 어려워 배를 끌거나 노를 저어 여러 번의 시도 끝에 겨우 선착장에 배를 댈 수 있었다고 한다. 그래서 당시 히로시마의 번주였던 후쿠시마 도시요리가 계단식 선착장을 만들었다고 한다. 그래서 후쿠시마 나가간키(福島長雁木)라고 부른다고 한다.

후쿠시마 나가간키   쓰시마 번주가 머물렀던 숙소. 복원된 모습

옛 모습을 온전히 간직하고 있지는 않지만 지금도 그때 만든 후쿠시마 나가간키가 남아 있다. 그러나 이 그림에는 18세기의 시모카마가리의 모습이지만 있어야 할 접안시설인 계단식 나가간키의 모습은 보이지 않고, 세개의 잔교만이 그려져 있다. 이처럼 작은 섬에 2,000여 명의 인원이 갑자기 들이닥쳤을 때 과연 숙식을 어떻게 해결했을지 궁금했다. 그림에 보이는 산 아래 큰 건물이 당시의 정사 일행이 머문 곳이었을 것이다. 그리고 가장 오른쪽 잔교가 있는 곳의 앞 건물에서 하관과 중관, 쓰시마 번주가 머물렀다고 한다. 이는 지금의 복원된 건물을 통해 당시의 모습과 비교해볼수 있다. 그리고 산 위에는 구간지(弘願寺)라는 절이 있는데 통신사를 수행하는 쓰시마의 승려들이 머물렀던 곳이었다. 지금도 남아 있는 유물을 통해 당시의 모습을 더듬어볼 수 있다.

2. 시모카마가리와 도모노우라를 지배했던 히로시마 번

시모카마가리와 도모노우라는 히로시마 번이 관할하는 지역이었다. 1932년 이후 히로시마를 지배하고 있는 번주는 아사노 미쓰아키라(大守源光晟)로 도쿠가와 이에야스(德川家康)의 외손자였다. 당시 일본에서는 각 번의 세력 크기는 번의 다이묘가 농민에게서 거두어들이는 세금의 정도를 가지고 가늠하는데 히로시마 번은 그 녹고가 46만 석 정도였다고 한다. 처음으로 히로시마 성을 만들었던 사람은 모리 데루모토(毛利輝元)라는 번주였다. 그가 갈대 우거진 습지에 성을 건설하고 성 주변에 마을을 만들어 히로시마라고 칭했다고 한다. 이후 후쿠시마 마사노리(福島正則)가 번주가 되었다. 그는 처음에 도요토미 히데요시 아래 있었으나 도쿠가와 이에야스의 편에서 히로시마의 번주가 될 수 있었다. 그러나 그는 막부의 쇼군이 금지하는 규정을 어겨 쫓겨나게 되었다. 각 번주가 성을 개축할 때는 반드시 막부의 쇼군에게 보고를 하고 허락을 얻어야만 성을 개축할 수 있었다. 그러나 후쿠시마 마사노리는 성을 먼저 개축한 후 보고했다. 이 때문에 쇼군의 노여움을 사게 되었고 히로시마 번에서 물러나야 했다. 그 뒤를 이어 히로시마 번주로 취임한 사람이 바로 아사노 나가아키라(淺野長晟)였다. 이후 히로시마 번은 아사노 집안이 계속 지배하게 되었다. 그 역시 도쿠가와 이에야스가 권력을 장악하는 결정적인 전투인 세키가하라(關ケ原) 싸움에 동군으로 이에야스의 편을 들었고, 후에 도쿠가와 이에야스의 딸과 혼인함으로써 막부와 인척관계를 유지하며 석고 46만 석에 이르는 다이묘가 될 수 있었다.

통신사가 시모카마가리와 도모노우라를 방문할 때 이 아사노 집안은 막부의 명에 따라 최선의 접대를 위해 노력했다. 통신사가 방문했을 때의 각 번주를 보면 다음 표와 같다.

연도	사절	히로시마 번주	총인수	가마가리(월 일)			
				갈 때		올 때	
				착	발	착	발
1607	여우길, 경 섬, 정호관	후쿠시마 마사노리	504	4.29	5.1		
1617	오윤겸, 박 재, 이경직	후쿠시마 마사노리	428	8.13	8.13	9.22	9.22
1624	정 립, 강홍중, 신계영	아사노 나가아키라 (재임 1619~1632)	460	11.6	11.6	익2.2	2.3
1636	임 광, 김세렴, 황 호		478	11.4	11.5	익2.7	2.8
1643	윤순지, 조 경, 신 유	아사노 미쓰아키라	477	5.26	5.27	9.14	9.14
1655	조 형, 유 장, 남용익		485	8.18	8.21	12.25	12.28
1682	윤지완, 이방강, 박경준	아사노 쓰나나가	473	7.18	7.19	10.11	10.11
1711	조태억, 임수한, 이방언		500	9.7	–	–	–
1719	홍치중, 황 준, 이명언	아사노 요시나가	475	8.27	8.28	11.22	11.7
1748	홍계희, 남태기, 조명채		475	4.11	4.13	7.11	7.12
1764	조 엄, 이인배, 김상익	아사노 시게아키라	477	1.9	1.10	5.18	5.19
1811	김이교, 이면구	아사노 나리카타	328				

1607년 여우길을 정사로 하여 방문했을 때 번주는 후쿠시마가였다. 그러나 1619년 이후에는 모두 아사노가가 지배했고, 통신사의 접대도 아사노가의 번주에 의해 이루어졌다. 조형이 정사로 방문한 1655년에는 아사

노가의 식록이 42만 석이고 번주인 미쓰아키라는 에도에 있었으므로 그 아들이 접대를 나왔다고 기록하고 있다. 통신사가 이곳에서 머문 기간은 표에서도 알 수 있는 것처럼 하루 또는 이틀이 대부분이고 3일이 가장 길게 머문 것이다. 아마 이처럼 짧게 머문 것은 에도로 가는 길이 바빴기 때문이고, 돌아올 때에는 빨리 고향으로 돌아가고픈 마음 때문이었으리라 생각된다.

3. 히로시마 번의 통신사 접대를 위한 노력

임진왜란이 끝난 후 1596년, 1607년경 일본을 방문했던 통신사에 대한 접대는 그렇게 융숭하지는 않았다고 한다. 그러나 에도 막부의 도쿠가와 이에야스 집안의 집권이 어느 정도 안정을 찾게 되면서 접대의 내용도 크게 달라진다. 1636년 통신사행에 참가했던 김세렴은 『해사록(海槎錄)』에서 이렇게 적고 있다.

대군이 각로의 여러 장수들에게 분부하기를, 조선 신사는 이미 대관이니 각별히 잘 대접하라.
관백이 관할하는 곳과 10만여 석의 녹을 받는 곳은 에도에서 사람을 보내 주관할 것이며, 에도로 향하는 각 길에는 파발을 두어 사신의 동정과 접대의 잘잘못을 낱낱이 6일 안에 에도에 알리라.

이러한 막부의 명령에 의해 각 지방에서는 통신사에게 최선의 접대를 했다. 히로시마 번 역시 최대의 인력과 재력을 동원하여 준비했고, 그 대접 또한 통신사가 들른 곳 가운데 가장 화려했다고 한다. 이 지역의 조선 통신사에 대한 접대 상황은 여러 차례의 방문에서 매번 언급하고 있지만 1711년 숙종 39년 조태억을 정사로 한 방문에서 가장 잘 나타나고 있다. 1711년의 사례를 통해서 당시의 준비사항을 살펴보자.

접대를 위한 정보수집

6개월 전부터 통신사 접대를 준비했다고 한다. 즉 조선에서 통신사가 출발했다는 소식이 들리면 히로시마 번은 정보를 파악하기 위하여 가신을 쓰시마 섬까지 파견했다. 그리고 통신사가 어떤 인물인지, 어떤 음식을 좋아하는지 등 통신사 일행에 대해 조사를 하여 보고하도록 했다. 그리고 아이노시마, 아카마세키(赤間關) 등에도 가신을 파견했다. 이들은 통신사 일행에 대한 신상과 각 번의 접대 내용을 상세히 파악하여 히로시마 번에 보고했다. 당시 1711년 통신사행에서도 9월경 조선 통신사가 세토나이카 이를 통과할 것이라는 통보를 받자 바로 쓰시마에 가신을 파견하고 있다. 그리고 통신사의 접대를 위한 준비에 들어가고 있다. 히로시마 번에서는 400~500명에 이르는 통신사 일행과 쓰시마 섬에서 따라 붙는 수행원, 접대하는 가신단 등 적어도 1,000명이 넘는 인원의 숙식 전반을 준비했다.

접대를 위한 번의 준비: 숙사 건립

통신사 일행을 위해 가장 중요한 일은 머물 숙소와 식사를 준비하는 것이었다. 당시 이곳은 해상역이었기 때문에 번주가 순회할 때 머무는 혼진과 반쇼(藩所)가 있었다. 그러나 이러한 시설만으로는 충분하지 않았다. 그래서 임시 숙소를 만들지 않으면 안 되었다고 한다. 숙사는 크게 세 곳으로 나누어 준비했다. 이 숙소 중에서 가장 중요한 숙소가 바로 삼사와

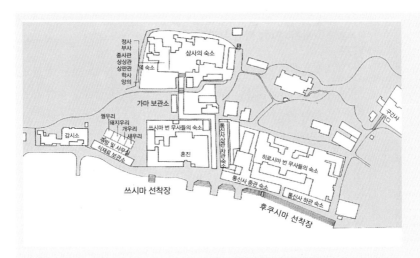

히로시마 번의 통신사 접대 숙소

상상관이 머무는 곳이었다. 다음으로 쓰시마 번주가 머무는 숙소, 중관, 하관이 머무는 숙소였다. 그 외에도 쓰시마에서 수행하는 승려, 히로시마 번에서 나온 가신들이 머무는 숙소가 필요했다. 또한 통신사 일행을 접대하기 위해 창고도 필요했다. 그래서 부족한 시설은 임시 가건물을 새로 지었다. 숙소를 만들 때는 지위에 따라 건물과 방의 크기를 각각 달리했고, 특별히 정사와 부사가 머무는 곳에는 경비를 서는 곳과 요리를 하는 방을 만들었다. 그리고 반쇼에는 쓰시마 번주가 머물렀는데, 이곳은 번주가 관내를 순회할 때 머물렀던 휴식소이다. 이 건물은 2층으로 만들었고, 통신사의 통역관도 이곳에서 숙박을 했다. 그리고 쓰시마 번주를 수행하는 가신들은 마을의 민가에 숙박을 했다.

한편, 자신의 집을 숙사로 제공한 주민들은 산속의 소나무 숲이나 대나무 밭에 임시로 숙소를 만들어 지내게 했다. 배를 대는 선착장에서 삼사가 머무는 숙소까지는 회랑을 만들었다. 경비를 서는 초소도 몇 군데 설치했다. 이 같은 당시의 모습을 인조 14년(1636) 사행에 참가했던 김세렴은 이렇게 기록하고 있다.

물가에 판잣집 70~80칸을 지었다. 일행의 먼 길을 위로하기 위하여 지은 것인데 모두 금으로 된 병풍을 둘렀다. 사신이 들 곳은 번주의 다옥이라고 한다. 대접하는 음식은 가미노세키보다 더욱 풍성하였다. 밤이 되자 강기슭에 수백 개의 등을 달아 날이 샐 때까지 끄지 않았다.

영조 14년(1748)의 통신사행 때 조명채도 『봉사일본시문견록』(1748)에서 그 모습을 다음과 같이 말하고 있다.

새로 지은 행각 20여 칸에 붉은 비단을 이어 갈고 행각 좌우는 비단 포장으로 가렸는데 행각이 끝나고서 10여 층의 사다리를 오르니 드디어 관사가 있다. 부사와 신이 든 곳은 행랑을 조금 돌아서 있는데 왕래하는 툇마루에도 붉은 카펫을 깔았고, 칸막이 문에는 파랑, 빨강, 노랑의 세 가지 색으로 섞어 짠 포장을 드리워서 그 광채가 찬연하다. 이것은 바로 기묘한 신식 무늬의 비단인데 아란타(네덜란드)에서 나는 것이라 하며 이부자리도 이와 같았다. 이른바 모기장의 채색실과 금갈고리도 다 지극히 화려하며 뒷간에까지도 능화지로 도배하고 다담(茶毯)을 깔았다. 혹 세 사신이 들어 있는 곳의 곁에 화초가 없으면 곧 다른 것을 옮겨다 꽂는데, 가꾸어 길러서 살아 자라고 있는 것 같다.

이러한 시설과 준비 사항은 일본 내에서 최고의 지위에 있는 사람이 받는 접대였다. 그러나 준비는 여기서 끝나지 않았다.

바닷길의 안내와 준비

통신사 일행은 정사선, 부사선 등 모두 6척으로 구성되어 있다. 그러나 히로시마에 도착하기 전 각 번에서 제공한 세키부네(일본 배)가 조선 배 1척당 4척으로 사방을 둘러싸 안내를 하도록 했다. 또한 쓰시마 번에서는 물길을 잘 아는 사람을 파견하여 조선 배의 선두에 타고 안내하도록 했다. 조선의 배는 주로 돛을 세워 바람으로 항해를 하지만 바람이 없는 때를 대비하여 노도 준비했다. 정사와 부사가 타고 있는 배를 끄는 예인선도 준비했다. 그 외에 안내선, 히로시마 번의 배, 물을 나르는 배, 짐을 나르는 배 등 동원된 배만 334척에 이르렀다고 한다. 이러한 수백 척의 배들이 산노세 항에 들어올 때는 해양 퍼레이드를 벌이는 것 같았다고 한다.

응접하는 사람의 배치

히로시마 번에서는 통신사를 접대하기 위해서 총책임자와 부책임자, 사자 등 60여 명이 파견되었다. 이 중에는 통역관 6명, 상상관 통역 4명을 합하여 10명의 히로시마 번의 통역이 포함되었다. 이는 히로시마 번에서도 조선어 통역관을 양성하여 항상 준비하고 있음을 알려주는 사실이다. 그리고 삼사가 머무는 곳의 안내역 1명, 음식재료와 도구, 여러 가지 물품을 관리하는 사람, 각종 등불을 관리하는 사람, 차·담배와 청소를 담당하는 사람 등 각기 역할에 따라 사람들이 배치되었다. 그리고 상관·중관·하관 등 지위에 따라 인원이 할당되었다. 통신사와 함께 온 쓰시마 번의 관리를 위해서도 요리하는 사람, 물고기 씻는 사람 등이 배치되었다. 이렇게 동원된 인원은 740여 명이나 되었다. 1719년의 기록에는 히로시마 번에서 파견된 인원에서부터 정과 촌, 군 등 동원된 인원을 합치면 거의 1,200여 명이나 되었다고 한다.

음식 준비

통신사 일행을 접대하기 위해서는 다양한 음식을 준비해야 했다. 갑자기 섬에 2,000여 명의 인원이 머물렀기 때문에 이들이 먹을 식량을 준비하는 것은 매우 큰일이었다. 음식은 신선함을 유지해야 했다. 그래서 꿩, 오리 등은 이웃 마을 주민들로부터 생포해오도록 했다. 또한 임시로 가축우리를 만들어 닭, 돼지, 개, 꿩 등을 가두어두었다. 특히 꿩의 경우는 살아 있는 그대로 바치도록 했다. 그러나 산 동물을 생포한다는 것은 지역민들에게는 어려운 일이었다. 그래서 지역민들이 도망가거나 이를 거부하게 되었다. 이에 히로시마 번에서는 한 마리당 3냥을 주고 구입했다고 한다. 당시 3냥은 논을 한 마지기 정도 살 수 있는 돈이었다고 하니 얼마나 꿩의 가격이 높았는지 짐작이 간다. 이러한 상황을 신유한은 『해유록』에서 "주방에서는 하루아침에 꿩 300마리를 바쳤는데 아카마세키에도 이와 같지는 못했다"라고 기록하고 있다.

다음으로 물이 문제였다. 이 지역은 섬이기 때문에 물이 귀하여 섬 주민들이 사용하는 우물만으로는 부족했다. 새로운 우물을 파기도 했지만 이것만으로 충분한 물을 확보할 수 없어 100여 척의 배를 이용하여 히로시마와 미하라에 있는 우물에서 물을 운반해오기도 했다. 물을 운반하는 데 필요한 배는 히로시마에서 동원되거나 징발되었다.

통신사 사절단이 도착하면 지켜야 할 규칙

통신사 일행이 도착했을 때 이 지역의 주민들이 지켜야 할 규칙이 정해져 있었다. 이러한 규칙은 1748년 시모카마가리 조선통신사 접대 총 책임자 오카모토 다이쇼(岡本大藏)가 작성한 『히로시마 번 조선통신사 내빙기 4』에 잘 나타나 있다. 이 규칙에는 이곳의 주민들이 어떻게 행동해야 하는지가 상세하게 기록되어 있다.

이에 따르면 접대를 할 때는 정한 규칙대로 대처하고, 예의를 갖추어 접대하되 무례함이 없도록 하였다. 또한 통신사 일행은 외국인이고 일본과는 풍속과 습관이 다르며 여행길에 마음이 지쳐 있으니 싸움을 일으키지 않도록 하라고 하였다. 비좁은 길에서 조선 관인이나 쓰시마 번주 등의 일행을 만났을 때에는 길을 비켜 가도록 하고, 조선 관인에게 붓이나 글을 요구하지 말도록 하였다. 이 외에도 세부적인 규정이 더 있었다.

1. 접대하는 자라도 조선 관인과 쓸데없는 말을 하지 말 것
2. 물건을 매매하지 말 것
3. 구경하지 말 것
4. 산에 올라가 구경하지 말 것
5. 접대소가 완성된 후에는 다른 나라 사람의 숙박, 민간의 출입을 금할 것
6. 물이 부족하기 때문에 물을 중요하게 할 것
7. 시끄러운 논쟁을 하지 말 것
8. 일행이 머무를 때 여자는 출입금지
9. 놀이기구를 배에 싣지 말고 있는 것은 버릴 것
10. 술 매매 금지, 허가받은 도장을 가진 자만 허가한다.
11. 조선 관인이 떨어뜨린 물건은 어떤 것이라도 관에 가지고 갈 것

12. 식사에 대해서는 규정한 것 이외에는 요구하지 말 것

그리고 주민들에게도 집을 청소하고 옷도 깨끗한 옷을 입도록 했다고 한다. 아마 이러한 규정은 통신사 일행에게 일본의 좋은 이미지를 보여주기 위한 의도였을 것이다.

시모카마가리의 고치소이치반

조선통신사 자료관인 고치소이치반칸(御馳走一番館)에는 통신사를 위해 접대한 요리를 복원하여 전시하고 있다. 이를 통해 당시 통신사 일행이 어떤 음식을 대접받았는지를 엿볼 수 있다. 이들이 대접받은 요리는 지위에 따라 각기 달랐다고 한다. 삼사에게 아침과 저녁에는 7·5·3 요리가 차례로 나왔고, 점심 때는 5·5·3 요리가 나왔다. 그러나 이러한 요리는 먹지 않고, 젓가락만 대어 먹는 시늉만 하는 의식용 요리였다고 한다. 그 다음에 실제로 먹는 요리가 나왔다. 이들 요리는 3개의 국과 15가지 종류로 된 요리였다. 이들 요리의 재료는 가장 뛰어나고 좋은 것들로만 준비를 했다. 이러한 음식과 더불어 조선에서 나는 인삼과 인동을 넣어 만든 인동주라는 술을 접대했다. 이곳의 인동주는 맛이 매우 좋았다 한다. 1643년 통신사행의 조경은 다음과 같은 찬사를 보내고 있다.

가마가리에서 빚어낸 맛있는 인동주

옥잔에 부어온 것이 호박처럼 진하구나

잠시 입술에 닿는가 했더니 목으로 넘어가는구나

어쩌라 반드시 두주로만 흉중을 넓힐 수 있을까

천일주를 빚는 신선의 비법은 거짓으로 지어낸 말인 듯

3탕 15찬 요리
① 도미구이 ② 닭꼬치구이 ③ 무를 둥글게 썰어 흐물흐물하게 만들어 된장과 겨자를 얹은 요리 ④ 오리 고기회 ⑤ 대구찜 ⑥ 유자된장 ⑦ 간을 한 꿩구이 ⑧ 두부튀김 ⑨ 넙치회 ⑩ 대구(생선)국 ⑪ 간을 한 전복찜 ⑫ 오징어말이 ⑬ 간을 한 연어구이 ⑭ 무 된장절임 ⑮ 간을 한 맑은 물에 넣은 두부 ⑯ 밥 ⑰ 도미를 다져 삶은 것 ⑱ 두부조림 ⑲ 오리 삼나무 구이

중산의 명주는 어쩐지 작은 속국에 불과하다

만약 중국으로 가는 사신을 따라가 포도를 얻는다면

좋은 맛의 술을 빚어 임금님의 잔에 채우고 싶다

일본의 통신사 접대 요리를 보면서 조선에 온 일본의 사신들은 어떤 요리를 대접받았을까?

일본 국왕사의 접대에 관한 내용은 신숙주가 쓴 『해동제국기』에 그 내용이 잘 나타나 있다. 접대의 내용을 보면, 우선 국왕사의 정사(政使)·부사(副使)·정관(正官) 등의 정관 이상인 자에게는 숙공(熟供)이라 하여 삶아서

참외절임	말린 키조갯살	말린 만새기
말린도미를 쪄서 으깨 말린것	밥 (형식적)	둥글게 잘라 말린 문어다리
간장의 원료	소금 (맛보며 다른 것을 먹음)	삼나무판에 반죽한 생선살

7·5·3 요리의 재료

익힌 음식으로 새벽밥[早飯]과 아침 및 점심·저녁을 제공했다고 한다. 이 때 거식칠과상(車食七果床)과 3탕을 차례로 주었다고 한다. 아침과 저녁의 경우 정사와 부사에게는 칠첩상으로 밥과 국, 두 가지 탕, 두 가지 적(炙)을, 정관과 반종인에게는 오첩상의 밥과 국에다 두 가지 탕과 한 가지 적을 주었다. 그리고 점심의 경우 정사·부사와 정관에게는 오첩상으로 밥과 국에다 한 가지 탕을, 반종인에게는 삼첩상으로 밥과 국에다 한 가지 탕을 주었다. 여기서 일본의 3탕 15찬상은 조선의 거식 5과상과 같은 깃이라고 한다. 이처럼 조선과 일본에서는 사신을 대접하는 상차림이 비슷한 형태를 가지고 있었다고 생각된다. 아마 조선과 일본에서는 서로에게 대등한 격식을 갖춘 요리를 대접했던 것 같다.

이러한 7·5·3의 상차림에 대해 황호는 『동사록』에서 이렇게 적고 있다.

잔치 때에는 7·5·3 제도가 있다. 처음에는 일곱 그릇에 담간 반을 올리는데

물고기 또는 채소를 가늘게 썰어 높이 괸 것이 마차 우리나라의 과일 반과 같다. 다음에는 다섯 그릇에 담간 반을 올리고, 다음에는 세 그릇에 담긴 반을 올리는데 물새를 잡아서 그 깃털을 그대로 둔 채 두 날개를 펴고 등에 금칠을 하며, 과실·물고기·고기 등에 모두 금박을 한다. 잔을 바치는 상에는 깎아 만들어 색칠한 꽃을 쓰며 혹 나무로 만들기도 하는데 천연색 꽃과 아주 흡사하다. 성대한 잔치에는 흰 목판 및 질그릇에 금은을 칠한 것을 쓰는데, 끝나면 깨끗한 곳에 버리고 다시 쓰지 않는다.

소나무와 인형을 곁들인 장식물의 '나라받침대'

이처럼 통신사 일행에 대한 융숭한 대접은 지역민들에게는 부담이고 고역이었다. 그래서 지역민들은 이러한 부담을 기피했다. 또한 통신사 접대를 위해 지출되는 비용과 동원되는 인력이 너무나 많았다. 당시 히로시마 번에서 지불했던 비용은 1636년에 통신사에 참가했던 김세렴에 의하면 시모카마가리에서 쓰는 비용만도 약 3,000냥이나 된다고 했다. 지금의 돈으로 환산하면 약 13~14억 엔 이상이라고 한다. 일본 사람들이 말하기를 "이번 사신 행차처럼 대접한다면 한두 번 못 가서 히로시마는 물론 일본 전체의 재물이 탕진될 것이다"라고 우려하고 있다. 또한 1682년 통신사 행에 참여했던 홍우재는 『동사록』에서 이렇게 표현하였다.

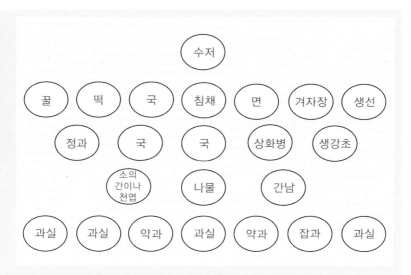

일본 사신에게 대접했던 일본의 3탕 15찬에 해당하는 상차림
조선의 상은 2탕과 15찬으로 구성되어 있고 본상에 따로 차례로 3탕이 나왔다.

통신사 행렬은 수많은 사람이 수행하고 있다. 정사 등 삼사의 앞에는 길을 안내하는 사람과 행렬이 흐트러지지 않도록 감시하는 무사, 가마를 메는 사람, 행렬을 수행하는 사람 등 모두 합하면 50명 이상의 사람이 동행했다. 또한 말이 많이 필요한데 일행이 타는 말과 짐을 운반하는 말이 있고, 각 말에는 끄는 마부가 있다. 이처럼 동원된 인원은 수백 명에 이르렀다.

이러한 접대에 대해 일본에서도 비판이 일어났다. 당시 막부의 가신이던 아라이 하쿠세키는 '일본 조정에서 천자의 사자를 대접하는 데도 이러한 사례가 없다'라고 비판하면서 간소화할 것을 요구할 정도였다.

이러한 시모카마가리의 접대에 대해 1643년의 통신행에 참가했던 신유는 『해사록』에서 이렇게 시로 읊고 있다.

겸예(鎌刈)에 들러

뜨거운 햇살이 돛대에 떨어지고
무더운 구름이 포구에 뭉쳤는데
날씨도 가는 길을 애태우나니
지방관은 영접할 줄을 알아
비를 긋고 서늘한 다락문을 여니
달아둔 등불 성 안 환히 밝구나
꽃 소반에 진수성찬
가는 곳마다 인정이 고맙네

― 신유의 『해사록』(인조 21년, 1643)

또한 조엄은 『해사일기』(1763)에서 "국서를 받들고 관사로 가는데 선창과 부교가 가미노세키나 시모노세키보다 훨씬 나았다"라고 말하고 있다. 또한 조선통신사가 왕래할 때 그 접대가 곳곳에서 어떠했는지를 그 모습을 쇼군이 묻자, 쓰시마 번주는 "안예의 시모카마리 고치소가 제일"이라고 말하고 있다. 이처럼 히로시마의 시모카마가리에서는 다른 어떤 지역보다도 통신사에 대한 접대가 융숭했음을 알 수 있다.

4. 시모카마가리에서의 지역민과의 교류

통신사가 시모카마가리에서 머문 기간은 매우 짧았다. 긴 것이 3일이고 대체로 하룻밤을 묵고 다음날은 떠나갔다. 가는 길이든 오는 길이든 먼 여정을 줄이기 위해서는 길을 재촉할 수밖에 없었고, 중간에 머무는 기간은 될 수 있으면 줄이려고 했다. 그 결과 시모카마가리에서의 지역민들과의 교류는 거의 없었다. 이는 지역민의 출입을 엄격히 규제하고 있었고, 배 안에 머문 경우도 있었기 때문이었다. 그러나 당시 대표적인 교류는 1719년에 신유한이 통신사행으로 일본을 방문했을 때 히로시마 번에서 파견한 학자인 아마키 도라(味本虎)와의 교류였다. 『해유록』에는 당시 교류를 이렇게 적고 있다.

> 겸예는 일명 포기(蒲埼)라 하는데 땅은 안예주에 속한다. 솔밭 대밭 사이에 민가가 비늘처럼 빽빽하여 앞바다와 더불어 거울같이 서로 비치니 명랑하고 깨끗한 것이 또한 바다 가운데 명성이었다. 태수 미나모토 요시나가(源吉長)는 식봉이 42만 2,000석이고 광도성에 거처한다. 두 봉행을 보내어 사신을 접대케 하고 또한 부중의 유관 아마키 도라(味木虎)를 보내어 나를 만나 글을 이야기하게 하였다. 그는 나이 70여 세요, 호를 입헌이리 히는데, 사람됨이 안정하여 고기(古氣)가 있었다. 스스로 말하기를 "임태학의 문인으로 천거를 받아 벼슬에 올랐는데 지금은 늙었으므로 전원에 돌아가서 만 권 서적 속에 파묻힐까 합니다" 하였다. 그 말이 자못 들을 만하였고, 시도 또한 평순하여 의사를 제대로 표현하였다. 나는 그와 함께 시를 주고받으면서 여러 이야기를 하였다.
>
> 그는 내가 벼루에 먹을 가는 것을 보고 희롱하는 말로 "학사께서는 마땅히 쇠벼루[鐵硯]를 사용해야겠습니다"라고 하였다. 그것은 나의 이름이 상추밀과

같기 때문이었다[5대 때 상유한(桑維翰)이 여러 번 과거에 떨어지므로 친구들이 다른 길을 택하기를 권하나 그는 쇠로 벼루를 만들어 이 벼루가 다 닳아야 내가 과거를 그만두겠다 하더니, 과연 과거에 올라 벼슬이 추밀(樞密)에 이르렀다]. 나 또한 희롱하는 말로 대답하기를 "당신이 철을 겁내는 줄 알기 때문에 내놓지 아니하오" 하였더니 좌중이 모두 웃었다.

아마키 도라(味木虎)의 이름에 호랑이 호(虎)가 들어 있어서 철포를 겁낸다는 의미로 이름을 가지고 서로 농담을 주고받는 것이다. 또한 돌아오는 길에도 이곳에 들러 서로의 우정을 나누고 있다. 이러한 사항을 『해유록』에서는 다음과 같이 기록하였다.

본주의 유관 아마키 도라는 곧 내가 갈 때 사귀었던 사람인데 자기의 관으로 초청하기에 밤에 여러 서기와 함께 가서 만났다. 아마키 도라가 기뻐하며 우리의 노고를 위로하고 큰 밀감 한 광주리로 술안주를 하며 말하기를 "공이 밀감을 즐긴다는 말을 듣고 우리 집의 것을 따왔습니다"라고 하였다. 연이어 예의를 갖춰 담화를 한참 동안 하다가 각각 이별시를 지어 주고받았는데 뜻이 심히 슬퍼, 말하기를 "이승에서 어찌 다시 만날 수 있겠습니까?" 하였다. 아마키 도라가 태수의 말을 전하며 병풍에 큰 글자를 써달라고 하기에 나는 글씨가 시원치 못하여 사양하고 성여필을 시켜 권농(勸農), 숭학(崇學), 생형(省刑), 박렴(薄斂) 등 여덟 가지의 문구를 써주니, 기뻐하여 사례하기를 "권면하신 바는 태평의 기본이니 군자의 호의입니다" 하였다. 수일 동안 바람에 막히어 마음이 답답하고 무료하였는데 단 조우로(湛長老)가 사람을 보내어 문안하기를 자주 하였다. 나는 동자 세만(世萬) 및 대마도 통역관 한사람을 데리고 저녁에 담 장로의 숙소에 갔더니 장로가 크게 기뻐하며 읍하여 앉게 하고는 술, 감자, 면식을 두어 그릇 대접하고 통역을 통하여 말하기를 "주신 시와 편지를 여러 번 받았는데 선가의 종지를 자못 해득하고 계시니 문장만이 뛰어난 것이 아닙니다" 하였다. 나는 사례하기를 "풍진 생활에 육근(눈·귀·코·혀·몸·뜻[眼耳鼻舌身意])이 모두 뜨겁다가 부배화상*을 만나 서래의(西來意)를 열어 보여주시니 법연(法緣)에 심히 감사합니다" 하였다. 내가 그것을 보니 푸른 벼랑 밑에 있는 깨끗한 암자에 장로가 붉은 옷을 입고 가부좌를 하였으며 사면에 푸른 대숲이 우거져 서늘하고 쇄락하여 세간 사람의 거처하는 곳 같지가 않았다. 나는 연이어 장로에게 이르기를 "나도 대나무를 본래 좋아하여 밀양의 옛집에 내 손으로 100여 포기를 심었으며 대숲 밑에 잇는 샘을 청천(淸泉)이라 하였고, 샘 밑에 있는 시내를 녹미간(綠湄澗)이라 하였으니 모두 푸른 대란 의미를 딴 것이다. 또한 추황사** 한 편을 지어서 취미를 표시하였는데 봉래(蓬萊) 영주(瀛洲)의 신선의 굴에서 다시 대를 사랑하는 스님 같은 이를 볼 줄을 뜻하지 아니하였습니다" 하였다. 장로가 기뻐하며 "대 사랑하기를 나와 같이 하다는 뜻을 써주시면 마땅히 100년 동안을 외우겠으니 화상탱자에 찬을 써주기를 원하오며 아울러 공의 추황사를 얻어 기념으로 잊지 않겠습니다"라고 하였다. 나는 "후일을 기다려주시오"라 하고 율시 한 편을 다음과 같이 썼다.

> 편안히 앉아 있는 님은 눈 온 산기운이 넘쳐나니
> 바람 차고 쓸쓸한 옛 선인이여
> 한 폭의 암자 고요한데

---

* **부배화상(浮盃和尙)** 술잔을 타고 물을 건너 다녔다는 중국 서진(西晉) 시대의 배도(杯度) 화상의 고사에서 나온 말.
** **추황사(秋篁詞)** 대[竹]를 칭송하는 글.

천 줄기의 대숲이 새롭네

무심한 꽃은 해에 비치고

새들은 마음 가는 대로 봄을 노래하네

가을 대숲의 이야기를 듣고 있노라면

나누는 정의 신기로움을 스스로 기뻐하네

5. 다시 살아나는 우호와 교류의 상징 조선통신사

시모카모가리에서는 자료관과 기념정원을 만들어 통신사의 방문을 기념하고 있는데 그곳이 바로 '쇼토엔'이다. 이곳의 '고치소이치반칸'에는 조선통신사와 관련된 자료와 유물이 10분의 1 크기로 복원 전시되고 있다.

자료관에는 통신사가 일본에 갈 때 타고 간 배와 통신사 행렬을 모형으로 만들어 전시하고 있다. 통신사 행렬은 정사를 비롯한 삼사와 수행원 43명, 말 4필 등을 모두 만들었다. 이 모형들은 한국의 전통 선박 전문가와 한복 전문가, 인형 전문가의 고증을 거쳐 한국에서 만들어 왔다고 한다.

통신사 접대 음식도 그 모형이 전시되어 있다. 이는 1961년 이후 조사한 결과를 바탕으로 음식 연구가의 협력을 얻어 1988년에 재현했다고 한다. 당시 요리의 복원에 참가한 일본 요리 전문가는 일본 요리의 시작을 보는 것 같다고 했다 한다.

쇼토엔에서 얼마 떨어지지 않은 곳에 위치한 간쇼엔이라는 조선통신사 기념정원에는 서울에서 출발한 통신사가 에도에 이르기까지 들렀던 중요지역을 푯말로 표시하고 있다. 주변에는 소나무와 한국의 꽃인 무궁화를 심어 정원을 가꾸어놓았다. 이 외에도 이 지역에서는 매년 조선통신사 행렬을 재현하며 통신사의 방문을 기념하고 있다고 한다.

　지금 한국과 일본은 여전히 영토 문제와 역사왜곡 문제, 식민 유산의 청산 문제 등으로 갈등도 있지만, 한편으로는 우호의 정을 기념하며 상호 이해를 높여가려는 지역도 있다. 이러한 시도가 지역 차원에서 활발한 민간 교류로 이어지고 있다. 시모카마가리 역시 통신사 유적을 복원하고 다양한 기념행사를 마련하고 있다고 한다. 아마 이러한 일들이 한일의 상호 이해와 우호를 다지는 계기가 되리라 믿는다. 앞으로도 통신사가 나누었던 우호와 교류의 정신을 계속 이어 더욱 발전시켜나갔으면 한다.

제5장

조선통신사와 도모노우라

고다마 가이소(兒玉戒三)

세토나이카이의 한가운데에 위치한 도모노우라는 출항을 위해
밀물을 기다리는 항구로서, 남쪽으로 입을 벌린 항아리 같은 모양이다.
항구도시의 경제력 있는 상인들이 조선통신사의 접대에
적극적으로 참가했다는 점이, 후쿠야마 번, 도모노우라에서 행해진
조선통신사와의 교류에서 볼 수 있는 특징이라고 할 수 있다.

조선통신사와 도모노우라

쓰네이시 하리코 인형

　사진의 인형은 '나팔 부는 남자'라는 이름의 하리코 인형(張り子人形)[*]
이다. 높이는 약 15cm 남짓이며, 너그럽고 부드러운 인상을 주는 이 인형
은 백 수십 년 이나 전인 메이지 시대(1867~1912) 전반, 도모노우라(鞆の浦)
에서 가까운 누마쿠마 쓰네이시(沼隈常石)에 살았던 인형 제작자 한 사람
이 만들기 시작하여 '쓰네이시 하리코 인형'이라는 이름으로 지금까지
전해지고 있다.

　이 인형 제작자는 원래 다른 사람의 주문을 받아서, 흙으로 쇼키사마^{**}

＊ 하리코 인형 목형(木型)에 종이를 발라서, 마른 후에 목형을 빼내서 조개껍데기를 갈
아서 만든 백색 안료를 칠하고, 채색하여 만든 인형.

등의 명절 장식용 인형이나 12지신(支神)을 모델로 한 인형, 칠복신(七福神) 등의 인형을 만들고 있었다. 그렇게 옛날부터 전해져 오던 인형 목록 안에, 새롭게 이 '나팔 부는 남자'가 추가된 것이다. 그로부터 1세기가 넘는 동안 아버지에게서 아들에게 이어졌고, 현재의 3대째에 해당되는 손자에게 인형의 제작법과 디자인이 계승되어왔다.

초대 인형 제작자는 인형의 소재를 흙에서 찾아 흙인형을 만들었지만, 현재와는 달리 수송사정이 아주 나빴던 시대였으므로 작품을 구입하는 사람에게 보내는 도중에 인형이 파손되는 일이 자주 있었다. 그래서 2대째의 아들은 다이쇼(大正) 시대(1912~1921) 말기(1920년대 전반)에, 수송 중에도 파손이 되지 않도록 목형(木型)에다 종이를 발라서 만드는 하리코 인형으로 바꾸었다. 현재의 3대째도 목형은 초대 할아버지가 만든 것을 그대로 계승하여 하리코 인형을 만들고 있다.

현재 쇼케이스에 진열되어 있는 여러 가지 하리코 인형을 보아도, '나팔 부는 남자'는 이채로운 느낌을 풍기고 있다. 나팔이라는 진귀한 악기를 손에 들고 있는 것이라든가, 옷의 색깔 배합이 다른 것, 무엇을 모델로 했는지에 대한 그 경위를 알 수 없다는 것 등, 보는 사람으로 하여금 그러한 차이를 느끼게 한다.

뒤를 이어 3대째가 되는 현재의 인형 제작자는, 무엇을 모델로 하여 어떤 생각으로 초대 할아버지가 이와 같은 인형을 만들었는가를 모르는 채 계속 만들어왔다고 한다. 그러나 그 독특함은 사람들의 눈길을 끌었고, 많지는 않았지만 주문이 끊이지 않았기 때문에 계속해서 만들 수 있었다. 그

** **쇼키사마(鍾馗様)** 중국, 일본의 민간에 전해 내려오는 도교계의 신. 일본에서는 역병을 쫓고 학업 성취에 효과가 있다고 전해져 5월 단오 때에 그 그림과 인형으로 장식을 했다.

도모노우라와 도모 항 히로시마 현 후쿠야마 시의 누마쿠마 반도 끝에 있는 항구도시이다.

리고 지금으로부터 십 수년 전, '나팔 부는 남자'라고 이름 붙여진 이 인형이, 조선통신사의 일행인 악사를 모델로 했던 것이라는 사실이 처음으로 밝혀졌다. 3대째의 제작자는 그것을 가르쳐준 사람이 조선통신사의 연구자인 신기수(辛基秀) 선생이었다고 했다.

누마쿠마초(沼隈町) 쓰네이시 지구(常石地區)는 누마쿠마 반도의 서쪽에 있으며, 동쪽에 위치한 도모노우라와는 약 6km 정도밖에 되지 않는 가까운 곳이다. 조선통신사가 도모노우라에 왔을 때, 일행은 쓰네이시 지구의 근해를 항해하고 있었다. 그리고 도모노우라에서는 후쿠야마 번(福山藩)이 베푼 성대한 대접을 받았다. 통신사가 도모노우라에 들렀을 때 화려하고 흥겨운 행렬을 한번 보려고 쓰네이시 지역의 사람들도 도모노우라로 구경 갔을 것이다. 그리고 조선통신사의 왕래가 끊어진 뒤에도 그 행렬의 모습은 이 지역 사람에게 구전되고, 그러한 이야기를 바탕으로 초대 할아버지가 악사를 모델로 한 인형을 만들었던 것이 아닐까?

지금은 큰 조선소가 있어서 도회지의 느낌이 나는 쓰네이시 지역이지만, 옛날에는 반농반어(半農半漁)의 외딴 시골이었던 이 지역에도 조선통신사를 그리워하던 마음이 이와 같은 하리코 인형으로 계승되어온 것을 볼 때, 조선통신사가 당시의 일본인들에게 얼마나 강렬한 인상을 주었는가를 알 수 있다.

1. 예로부터 번성했던 항구도시 도모노쓰

항구 도모노쓰(鞆の津)

세토나이카이(瀨戶內海)가 규슈(九州)와 수도를 잇는 항로로서 빈번하게 이용되기 시작한 나라(奈良) 시대(8세기)에는, 도모노우라는 세토나이카이에서도 유수한 항구로서 알려져 있었으며, 15세기 전반에 무로마치 막부의 아시카가(足利) 쇼군(將軍)에게 파견된 조선통신사의 배도 여기 도모노우라에 기항했다.

에도(江戶) 시대에 조선통신사가 왕래할 때 반드시 기항했던 도모노우라는 세토나이카이의 서쪽 끝인 시모노세키(下關)까지 직선거리로 약 220km이고 동쪽 끝인 오사카까지는 직선거리로 210km로서, 세토나이카이의 한복판에 있다고 말할 수 있다. 그리고 세토나이카이의 조수 간만은 서쪽으로 분고수도(豐後水道), 동쪽으로는 기이수도(紀伊水道)를 출구와 입구로 하여 일어난다. 밀물 때는 이 두 수도에서 도모노우라를 향해 조수

세토나이카이 항로 혼슈(本州), 시코쿠(四國), 규슈(九州) 사이에 끼어 있는 내해(內海)이다. ②~⑧은 통신사가 반드시 기항한 곳.

가 흘러 들어온다. 썰물 때는 반대로 도모노우라에서 두 수도를 향해 조수가 흘러 나간다. 그런 이유 때문에, 노에 의지한 당시의 배는 도모노우라로 향할 때는 밀물을 타고, 도모노우라에서 나올 때는 썰물을 타고 배를 움직였다. 이러한 조수의 흐름을 탄 항행에서는 하루에 나아가는 거리는 70~80km가 한도였다. 그러나 사정이 좋아 바람이 불어주면 그 이상의 거리를 항행할 수도 있었다.

조선통신사의 배는 일본의 배보다 바람을 잘 받는 목면으로 만든 돛을 사용하고 있었으므로, 때로는 예정했던 항구보다 먼 항구까지 가는 일도 있었다. 단, 세토나이카이에는 대형 선박이 정박할 수 있는 항구가 그렇게 많지는 않다. 당시의 일본에는 연안을 항행하는 대형 선박으로서 센고쿠부네(千石船, 길이 약 25~30m, 조선통신사선은 33m)가 있었다. 센고쿠부네에

적재물을 가득 실었을 때의 흘수 (吃水: 배의 아랫부분이 물에 잠기는 정도)는 3m 가까이 되어, 얕은 여울이 많은 세토나이카이 연안에서는 모든 항구에 정박할 수 있었던 것은 아니었다. 세토나이카이 연안의 각 번(藩)이 소유하고 있던 세키후네(關船)나 고하야(小早) 등 중소형 선박이라면 얕은 여울에 얹혀 해변에 좌초되더라도 배가 다시 뜰 수 있지만, 100톤 이상의 적재물을 실은 센고쿠부네는 그렇게 되지 않는다. 그렇기 때문에 속력이 난다고 해서 배를 계속 몰아가다가 예정했던 항구를 지나쳐 버리면 어두워지기 전에 다

통신사선의 10분의 1 모형 시모카마가리에 있는 조선통신사 자료관인 고치소이치반칸(御馳走一番館)에 전시되어 있다.

음 항구까지 갈 수 없게 되거나, 그 반대로 배가 느려서 예정했던 항구에 닿지 못하게 되면 섬 근처의 파도가 잔잔한 곳에 정박할 수밖에 없다. 통신사선도 이와 같은 항해를 했던 것 같다.

에도 시대에 들어와 세토나이카이의 산요(山陽) 지방 연안의 번들은 해운의 발전을 꾀하기 위해 영내(領內)의 좋은 항구를 정비하고 대형 선박이 정박할 수 있는 항구를 만들고 정비했다. 조선통신사는 이 항구들을 기항지로 삼아 세토나이카이를 왕복했다.

후쿠야마 번에 속한 항구였던 도모노우라는 다른 항구에는 없는 좋은

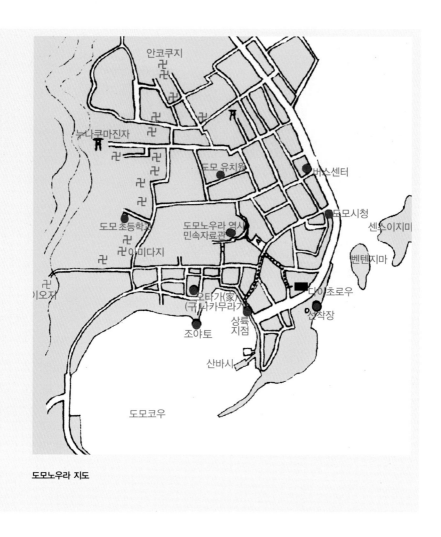

도모노우라 지도

조건을 갖춘 훌륭한 항구였다. 세토나이카이의 한가운데에 위치하고, 출항을 위해 밀물을 기다리는 항구일 뿐만 아니라, 남쪽으로 입을 벌린 항아리 같은 모양으로 항내는 파도가 잔잔하고, 만조 때에는 수심도 5m를 넘어(육지에서 토사가 흘러 들어오지 않으므로, 빈번히 준설을 할 필요도 없다), 밀

조야토(常夜燈)와 간기(雁木)

물과 썰물에 관계없이 대형선박이 착안(着岸)할 수 있는 계단 모양의 선착
장[간기(雁木)]*이 정비되어 있었다. 에도 시대가 되어, 최초의 영주였던 후
쿠시마 마사노리**는 도모 성(鞆城) 축성 때 나온 토사로 매립하여 부두를

* **간기(雁木)** 수산물을 쉽게 양륙할 수 있게 만든 계단 모양의 구조물.
** **후쿠시마 마사노리(福島正則)** 도요토미 히데요시의 오랜 장수로서 활약하여, 임진
왜란 당시에는 제5군의 장수로 4,800명의 군사를 이끌고 조선으로 건너가 충청도를 점
령했다(정유재란 때는 출진하지 않았다). 세키가하라(關ヶ原)의 전투(1600)에서는 도쿠
가와 이에야스의 부하로서 도요토미 군과 싸웠고, 그 공적을 인정받아 히로시마 번 49
만 석의 번주가 되었다. 그러나 1619년, 무단으로 성을 개수했다는 이유로 처벌을 받아
나가노 현의 작은 번으로 옮기게 되었다. 그 뒤 히로시마 번은 아키 히로시마 번(安芸廣
島藩)과 빈고 후쿠야마 번(備後福山藩)으로 나누어졌다.

정비했다.

그 뒤 후쿠시마 마사노리가 히로시마 번주의 지위에서 추방되고, 빈고(備後) 지방은 새로이 10만 석의 영지를 가진 후쿠야마 번으로서 출발하게 되고, 1619년에 미즈노 가쓰나리*가 새 영주로 부임했다. 미즈노 가쓰나리는 항구의 기능을 높이기 위해 대(大)개수공사에 착수했다. 가까운 기타기시마(北木島)에서 채석한 돌로 '계단식 선착장'을 수리하고, 현재의 도크에 해당하는 '다데바'**를 만들고, 도모 항의 상징이라고 할 수 있는 높이 5.5m의 돌로 만든 '조야토'***를 설치했다(현재의 조야토와 선착장은 1859년에 개수된 것이다).

이때의 공사 모습이 제3회 통신사(회답 겸 쇄환사)의 부사(副使)였던 강홍중(姜弘重)이 쓴 『동사록(東槎錄)』에 "큰 공사를 하고 있는 듯이 보이고, 큰 돌을 실은 배들이 바다에 가득하다"라고 씌어 있다.

그리고 도모 항의 유일한 결점이었던 남풍이 불 때 발생하는 큰 파도를 막기 위해 18세기 말에 항구의 입구에 큰 방파제(길이가 약 90m)가 건설되었다.

---

* **미즈노 가쓰나리(水野勝成)** 빈고노쿠니 후쿠야마 번의 초대 번주로서 1619년에 야마토 고리야마(大和郡山)에서 옮겨왔다. 도쿠가와 이에야스의 종형제이며 무장으로서도 이름 있는 가신이었다. 1622년에는 후쿠야마 성을 완성시켜 시가지를 건설하고, 후쿠야마 발전의 초석을 쌓은 사람이라고 전해진다. 그러나 미즈노가(家)는 5대까지밖에 이어지지 않았다.
** **다데바(焚場)** 물가에 경사지게 돌을 깔고 밀물 때 배를 끌어들여서 대(臺) 위에 올렸다가, 썰물 때 배 밑바닥이 드러나면 배 밑을 불로 쬐어 붙어 있던 따개비나 굴 등을 제거하거나 배 밑바닥을 수리하는 시설. 도모노우라의 다데바는 대형선박도 수리할 만큼 규모가 컸다. 최근에 그 유구(遺構)들이 발견되었다.
*** **조야토(常夜燈)** 현재는 히로시마 현의 서남부 구레 시(吳市)에 소속되어 있다.

다데바에서 작업하는 사람

항구도시 도모노우라(鞆の浦)*

도모노우라가 예로부터 항구도시였음은 마을 곳곳에 있는 수많은 사찰이 건립된 시기를 보면 알 수 있다. 현재는 17곳으로 줄었지만 가장 많을 때는 30개의 사찰이 건립되었다. 현존하는 사찰 중에서 가장 고색(古色)을 자랑하는 것이 시가지보다 한층 더 높은 산기슭에 세워져 있는 이오지(醫王寺)이다. 이오지는 9세기 전반에 진언종(眞言宗)의 개조(開祖)인 구카이(空海)에 의해 건립되었다고 전해진다. 또한 조선통신사의 숙사였던 후쿠젠지(福禪寺)는 10세기 중반경 세워졌던 관음당(觀音堂)이 그 시초라고 전

* **쓰(津), 우라(浦)** 옛날에는 선착장이나 항구를 쓰(津)라는 문자로 표현했다. 또한 우라(浦)는 해변이나 해변의 취락을 나타냈다.

후쿠젠지(福禪寺)

해진다. 이 시대의 사찰은 수행의 장(場)으로서 산 속 깊이 세워진 것과, 포교의 장(場)으로서 사람들의 신앙의 대상으로 사람들이 많이 모이는 번화가에 세워진 것 두 종류가 있었다. 도모노우라의 사찰은 후자의 목적으로 세워졌다. 지금도 도모노우라 거리 곳곳에서 많은 사찰을 볼 수 있다.

그리고 이들 사찰을 재정적으로 뒷받침한 사람이 도모노우라의 상인들이었다.

도모노우라는 서쪽에는 병풍이라고 해도 좋을 만큼 경사가 급한 높이 300m 남짓의 산이 있어서, 그 산기슭과 바다 사이의 좁은 지역에 만들어진 도시였다. 도모노우라는 후쿠시마 마사노리(福島正則)가 번주였던 히로시마 번의 영지(領地) 시대(17세기 초)에 정비되었다. 후쿠시마 마사노리는 교통의 대동맥이었던 세토나이카이를 엄중히 감독하기 위해, 새롭게 성을 쌓고, 완성된 도모 성을 중심으로 시가지를 정비하고자 했던 것이다.

먼저, 현재 역사민속자료관이 위치한 곳은 작은 산이 있었던 곳으로, 그곳에 성을 쌓기로 결정하고 산을 깎았다. 그때 나온 대량의 토사로 남쪽의 오카지마(大可島) 사이의 바다를 매립해서, 평지가 적은 도모노우라에 얼마간의 평지를 조성했다. 그러나 10년이라는 긴 세월 동안 힘들여 쌓았음에도 불구하고, 1615년에 도쿠가와 막부가 발표한 '일국 일성의 령(一國一城の令)'에 의해 도모 성은 없어지고 말았다.

이때의 축성공사 모습이 1607년 제1회 회답 겸 쇄환사의 부사였던 경섬(慶暹)이 남긴 『해사록』에 다음과 같이 기록되어 있다.

바닷가 언덕 위에 새로이 석성(石城)을 쌓고, 장래의 방비를 위한 요새인 듯한데 아직 완성되지 않았다.

임진왜란의 상처가 아직 생생히 남아 있던 시대였지만, 경섬이 성(城)에 대해 남긴 기록은 이 한 줄뿐이었다.

성은 없어졌지만 시가지는 정비되었다. 도모노우라는 7개의 초(町)로 구분되고, 각각의 초에 장로를 두어 장사를 하도록 했다. 무사들의 저택이 모여 있는 이시이초(石井町), 대장장이는 가지초(鍛冶町), 술집들은 미치코시초(道越町), 사찰은 마을 서쪽 산기슭에 있는 우시로지무라(後地村)에, 항구 주변의 세키마치(關町)와 니시마치(西町)에 상인들을 모으고, 선박운송업을 하는 집과 흰색 흙벽의 창고가 늘어서 있는 도매상가를 만드는 등 조카마치(城下町)*로서 정비했다. 단, 도시조성의 기본으로 '조카마치로서는 방비를 충분히 한다'라는 내용이 있었기 때문에 그 자취가 도로의 형

과거에 해상운송업을 운영하던 상가

태에 잘 나타나 있다. 직선도로가 짧고 곧 좌우로 꺾이며, 교차로는 없다. 도로의 폭도 좁게 만들어졌다. 그런 점이 이제 와서 시내의 차량통행을 어렵게 하고 있다.

　이와 같이 정비되어, 항구도시로서 번영하는 도모노우라의 인구는 최전성기(17세기 말)에 약 8,000명, 집이 770호 있었다고 기록되어 있다. 당시 나가사키(長崎)·데지마(出島)의 네덜란드 상관(商館) 의사였던 켐펠이 에도로 갈 때의 항해를 기록한 일기가 있다. 거기에는 "빈고(備後) 지방의 완만한 산지를 배경으로 한 바닷가에, 유명한 도모 항과 마을이 있었다. 해

* **조카마치(城下町)** 제후의 거성(居城)을 중심으로 발달한 도시.

지금도 남아 있는 시가지 풍경

변을 따라 긴 거리에는 괜찮은 수백 채의 집이 늘어서 있고……"라는 기
록이 있다.

항구도시의 경제력이 큰 상인들이 조선통신사의 접대에 적극적으로
참가했다는 점이, 후쿠야마 번, 도모노우라에서 행해진 조선통신사와의
교류에서 볼 수 있는 특징이었다고 할 수 있다.

선박: 해상 퍼레이드

한성(漢城)에서 에도까지를 왕복한 조선통신사의 여정은 해로(海路)와
육로(陸路)가 있었다. 한성에서 부산까지는 육로로, 부산에서 오사카·교
토까지는 해로로, 교토에서 에도까지는 다시 육로를 이용하는 등 다양한

형태였다.

풍랑이 거센 부산에서 쓰시마, 이즈하라(嚴原)에서 이키(壹岐), 가쓰모토(勝本)에서 기타큐슈(北九州), 아이노시마(藍島)의 여정에 비해 아이노시마로부터 아카마가세키(赤間關: 현재의 시모노세키)에 이르러, 아카마가세키에서 오사카까지 세토나이카이의 선박을 이용한 여행, 오사카에서 요도가와(淀川)를 거슬러 올라가는 교토까지의 짧은 선박여행은 평온하면서도 많은 선박이 계속 줄을 이어나가는 거대한 해상 퍼레이드였다. 통신사 일행이 육로를 이용했을 때의 행렬도 연도의 사람들을 놀라게 하고 즐겁게 해주었지만, 세토나이카이에서 펼쳐지는 해상 퍼레이드나 요도가와를 화려한 가와고자부네로 거슬러 올라가는 배들의 행렬도 사람들을

* **나가토노쿠니(長門國)** 현재의 혼슈(本州) 서단 야마구치 현(山口縣)의 서쪽에 해당되는 곳.

** **가와고자부네(川御座船)** 쇼군(將軍)이나 다이묘(大名)가 강에서 이용하던 고자부네(御座船: 밑이 얕은 배의 종류)를 말한다. 요도가와(淀川: 오사카 만으로 흘러들어 오는 하천)에는 유력한 다이묘가 장식이 된 가와고자부네를 준비하고 있었다. 가와고자부네에는 군선(軍船)으로서의 기능은 없고, 크고 호화스런 가옥 모양으로 설계해서 사용했다.

즐겁게 해주었다.

조선통신사는 6척의 배로 선단을 이루어 부산을 출발했다. 기선(騎船)
이라고 이름 붙여진 3척에 정사, 부사 및 종사관이 나누어 승선하여 '正',
'副', '從'이라는 깃발을 달고 있었다. 나머지 3척은 보쿠센(朴船)이라고
불리는 화물운반선이었다. 정사들이 타는 기선은 전장이 약 35m, 폭이
9m(제12회, 1811년의 통신사가 사용했던 배는 길이가 45m, 폭이 14m이고, 뱃머리
에 용의 장식을 한 매우 훌륭한 배였다), 높이가 7.2m이며, 2개의 목면 돛이 달
린 것이었다. 주된 동력은 바람이었지만, 노(艪)도 갖추고 있어서 격군(格
軍)이라고 불리는 수부(水夫)들이 노를 저었다.

최초로 통신사를 맞이하는 쓰시마 번은 통신사 일행의 안내와 호위를
위해 50척의 배를 준비하여, 오사카까지의 왕복을 계속 함께하면서 시중
을 들었다. 기타큐슈의 아이노시마부터는 각각 접대를 하는 번이 환영의
배와 예인선과 물자를 수송할 배를 마련해서 그 선단에 참가시켰다. 이때
에 각 번은 200척 이상의 배를 준비했다. 그중에서도 히로시마 번이 가장
많은 300척 가까운 배를 준비했다. 이때 사용된 배는 길이가 15m 전후인
세키후네(關船)와 10m 전후의 고하야(小早)라고 하는 중·소형 배로서, 노
를 이용하여 빨리 움직일 수 있는 것들이었다.

사실은 도쿠가와 막부는 정권을 장악하자 곧바로 먼 바다까지의 항해
가 가능한 대형선박의 건조를 제한했다. 그 때문에 세토나이카이의 여러
번들은, 전국시대였던 16세기 후반에 군용선으로 건조하고 있던 30m 이
상의 길이를 가진 아타케부네(安宅船)*를 보유할 수 없게 되어, 중소형 선
박만을 소유하고 있었다.

통신사의 배가 세토나이카이를 지나가는 모습이 가미노세키나 무로쓰**
등에 그림으로 남아 있다. 그것을 보면 통신사의 배는 한 척 한 척이 네 척

의 세키부네***로 예인되고, 주위에는 고하야(小早: 소형 군선)들이 호위하듯이 둘러싸고 있다. 6척의 통신사선을 중심으로 6개의 선단을 만들어 전진하고, 거기에 쓰시마 번의 배가 2~3척의 세키부네로 예인되며 따라가고 있다. 노를 젓는 수부(水夫)들의 외침소리와 통신사의 악대가 연주하는 음악이 바다 위로 퍼져나가, 보는 이들의 눈과 귀를 즐겁게 해주었던 것이 아닐까? 이러한 해상 퍼레이드에서는 통신사선이 한층 더 크게 보였을 것이다.

통신사 선단을 그린 것으로서, 18세기 초에 활약했던 화가 가노 단신(狩野探信)의 작품이라고 전해지는 <조선통신사 선단도 병풍(朝鮮通信使船團圖屛風)>이 있다. 8폭으로 만들어진 병풍에, 지금 항구에 들어온 4척의 통신사선과 상륙을 위해 고하야에 타고 있는 통신사 삼사(三使)와 마중 나온 배들, 구경을 위해 모인 사람들과 접대 준비를 하는 무사들의 모습이 그려져 있다. 그중에서도 중앙부에 그려져 있는 조야토가 유달리 눈에 띈다. 이 등대를 단서로, 이 그림은 도모노우라에 도착한 통신사를 그린 것으로 추측되고 있다. 단, 삼사의 상륙 지점이 다른 것이라든가, 통신사선의 돛이 일본풍의 대나무를 쪼개서 그물 모양으로 짜서 만든 돛을 사용하고, 더욱이 세 개의 돛을 사용하고 있는 것 등을 생각하면, 가노 단신이 실

* **아타케부네(安宅船)** 무로마치 시대(室町時代, 1338~1573) 후기부터 에도 시대 초기에 걸쳐 일본에서 널리 사용된 군선(軍船)의 일종이다.
** **무로쓰(室津)** 현재 효고 현(兵庫縣)에 속하는 항구도시·어항. 에도 시대에는 조선통신사가 들렀던 곳으로 번영했다.
*** **세키부네(關船)** 중세(전국시대)부터 근세(에도 시대)에 걸쳐 사용된 일본의 군용선의 하나로, 보다 대형인 아타케부네와 보다 소형인 고하야(小早)와의 중간에 위치하는 중(中)군용선이다. 그러나 에도 시대가 되어 도쿠가와 막부에 의해 여러 다이묘의 아타케부네 소유가 금지되자, 세키부네가 가장 대형의 군선이 되었다.

가노 단신(狩野探信) 작, 조선통신사 선단도 병풍(일부)

제로 도모노우라에 온 통신사를 보고 그린 것이 아니라 통신사 내항(來航)
의 이야기를 근거로 해서 그린 것이라고 생각된다.

후쿠야마 번의 경우, 번이 소유하고 있는 배는 성 근처의 후미(入り川)에
80여 척, 도모노우라에 4척을 배치하여 대비하고 있었다. 이것으로는 통
신사 일행이 왔을 때의 예인, 경호, 운송, 연락 등에 사용할 선박 수에 도저
히 미치지 못한다. 그래서 부근의 어촌에서 100척 이상의 배와 200명 이상
의 수부를 조달하지 않으면 안 되었다(유감스럽게도 현재로서는 마을에서
조달한 모습을 기록한 사료는 발견되지 않았다). 그리고 도모노우라에서 다
음 기항지인 비젠노쿠니(備前國)·우시마도(牛窓)로, 또는 아키노쿠니(安
芸國)·시모카마가리로 수행하면서 갔다.

2. 조선통신사가 기록한 도모노우라

조선통신사는 10개월에서 1년 가까이 걸린 에도(江戶) 왕복의 긴 여행에 대해 매회 상세한 기록을 남겼다. 내용은 여정의 기록과 일본 측과 대응하는 모습, 일본의 실정을 관찰하여 보고하는 것 등이었다. 그중에서도 1719년의 제9회 통신사의 제술관(製述官)이었던 신유한이 써서 남긴 『해유록』은 그 본편과 부편(付編)의 『일본문견잡록(日本聞見雜錄)』으로 일본을 날카롭게 관찰하고 비평하고 있어서 명저라는 평을 듣는다.

여기서는 그러한 방대한 기록 중에서 도모노우라에 대한 기록을 간단히 서술하고, 당시의 후쿠야마 번의 기록도 함께 정리해보았다.

제1회: 회답 겸 쇄환사

국교회복을 바라는 도쿠가와 이에야스로부터의 국서(國書)에 대한 '회답(回答)' 사 겸 '쇄환(刷還)' 사로서 일본을 방문. 인원은 504명.

- **연대** 1607년, 선조(宣祖) 40년, 게이초(慶長)*12년
  이에야스는 1603년 에도에 막부를 열고, 1605년에 쇼군직(將軍職)을 히데타다(秀忠)에게 물려주고 도쿠가와(德川) 씨의 세습에 의한 지배를 다이묘들에게 알렸다.
- **통신사정사**(通信使正使) 여우길(呂祐吉)
- **히로시마 번 번주**(廣島藩 藩主) 후쿠시마 마사노리
- **왕로**(往路) 4월 2일 밤 도착, 관사에 숙박(후쿠젠지였는지 여부는 불명)

---

* **게이초(慶長)** 일본 원호(元號)의 하나. 1596년부터 1615년까지의 기간을 가리킨다. 이 시대에 에도 막부의 쇼군은 도쿠가와 이에야스, 도쿠가와 히데타다(德川秀忠)였다.

- 히로시마 번의 기록 … 일한(日韓)* 우호를 위해 일본에 오다. 상경하는 도중에 빈고(備後)의 도모노우라에 기항[후쿠야마 번 편년사료(福山藩編年史料)].

- 통신사의 기록 … 날이 저물어 캄캄해졌다. 서로 불화살로 신호하며 겨우 다시마(田島)에 도착하여 선상에서 묵었다. 아부토(阿伏兎)에서는 쌀과 돈을 통에 넣어 흘려보내니 승려들이 주웠다. 도모(鞆)는 상가가 많이 늘어서서 번영하고 있는 듯이 보였다. 많은 구경꾼들이 물가를 메우고 있다. 절벽 위에 새롭게 석성(石城)을 쌓아서 장래의 방비를 위한 요새를 만드는 것 같다. 아직 미완성이다. 조수가 반대쪽으로 흘러 배를 전진시킬 수도 없어, 도주의 권고로 상륙하여 체류했다(경섬, 『해사록』).

- 도모노우라의 서쪽에 있는 아부토 곶(阿伏兎岬)에 가이초잔 반다이지(海潮山磐台寺)라는 사찰이 있다. 그 사찰에는 국가 중요문화재로 지정되어 있는 관음당(觀音堂)이 있다. 깎아지른 듯한 절벽 위에 세워진 붉은 칠의 관음당은 바다에서도 잘 보인다. 앞바다를 지나가는 배가 무사항해를 기원하며 통에 쌀과 돈을 넣어 바다로 던져 넣으면, 사찰에서 승려가 내려와 그것을 줍고, 여행의 무사를 기원해주었다. 경섬은, 세종 2년(1420)에 무로마치 막부에 파견된 회례사(回禮使)였던 송희경(宋希璟)이 쓴 『노송당일본행록(老松堂日本行錄)』에서 여기 아부토에 관한 기록을 읽었을 것이다. 이후의 통신사 기록에도 이 아부토의 관

---

* **일한(日韓)** 나라 시대(奈良時代, 710~794)에 '한국(韓國)'이라고 쓰고 '가라쿠니(からくに)'라고 읽었지만, 한반도의 국가를 '韓'이라고 표시하는 일도 있었다. 여기서는 내조(來朝)라는 말을 썼기 때문에 일조(日朝)가 아닌 일한(日韓)을 사용한 것일지도 모른다.

아부토의 관음당*

음당에 관한 언급은 자주 볼 수 있다.

- **귀로(歸路)**   6월 14일 밤 도착. 관사에 숙박(후쿠젠지였는지 여부는 불명)
  - 히로시마 번의 기록 … 도모에 기항하고 서쪽으로 향했다(후쿠야마 번
    편년사료)
  - 통신사의 기록 … 순풍으로 무로쓰에서 단숨에 도모에 도착. 쇄환선 8
    척이 함께했다. 다음날도 순풍. 새벽에 출항. 동풍이 불어와서 뱃길이
    빨랐다(경섬, 『해사록』).

---

* **아부토(阿伏兎)의 관음당(觀音堂)** 누마쿠마(沼隈) 반도의 남단 아부토 곶(阿伏兎岬)
의 절벽 위에 세워진 절. 1956년에 국가 중요문화재로 지정되었다.

제2회: 회답 겸 쇄환사

도쿠가와 막부가 도요토미가(家)를 멸망시키고, 명실상부한 일본의 지배자가 된 것을 축하하는 사절로서 일본을 방문. 인원은 428명.

- **연대** 1617년, 광해군 9년, 겐나(元和)[*] 3년

1614, 1615년의 오사카 전투로 도요토미가를 멸망시킨 도쿠가와 막부 제2대 쇼군 히데타다(秀忠)는 도쿠가와가(家)의 위세를 여러 다이묘에게 보여주기 위해, 대군을 이끌고 교토로 가서 교토·후시미 성(伏見城)에서 통신사를 응접했다. 또한 다이묘를 통제하기 위해 여러 가지 제도를 실시하여, 막부의 권위를 높이려고 했다.

- **통신사정사** 오윤겸(吳允謙)
- **히로시마 번주** 후쿠시마 마사노리
- **왕로** 8월 14일 낮 도착. 시모쓰(下津) 앞바다에서 선내 숙박

  - 히로시마 번의 기록 … 특별히 없음

  - 통신사의 기록 … 도모노우라는 매우 활기차고, 아카마세키보다 더 나은 곳이다. 시가지에 난폭자[하리마 번(播磨藩)의 로닌(牢人)[**]]가 있어서, 상륙하지 않고 센스이지마(仙醉島) 앞에 정박하고 식사를 했다. 세토나이카이에는 경치가 훌륭한 곳이 많이 있으나, 도모노우라가 가장 아름다운 곳이었다. 저녁녘에 순풍이 불어와서 출항. 쇼군이 9월 초에 에도로 돌아갈 예정이어서 교토행을 서두르게 되었다[이경직(李景稷), 『부상록(扶桑錄)』[*]].

- **귀로** 9월 21일 저녁 무렵 도착. 다다노우미(忠海) 앞바다에서 선내 숙박.

---

[*] **겐나(元和)** 일본 원호의 하나. 1615년부터 1624년까지의 기간을 말한다
[**] **로닌(牢人)** 주종관계가 없어져, 녹봉을 잃은 무사.

- 히로시마 번의 기록 … 특별히 없음

- 통신사의 기록 … (우시마도에서) 강우성(康遇聖)** 등을 빈고(備後), 히로시마 등으로 먼저 보내서 포로가 된 사람을 찾아내 데려오도록 지시했다. 일본 측은 힘을 다하는 시늉은 하지만, 실제로는 지방의 사람들과 입을 맞추어 쇄환을 위해 진정으로 노력하지 않는다. 책임회피를 위해 변명을 하는 것이 한층 더 화가 난다. (도모노우라에서) 포로로 끌려온 전개금(全開金)과 면담했다. 아무리 이야기를 해도 귀국의 의향을 보이지 않았다. 쇼군의 명령으로 로주(老中)***가 포고문을 발표하여 귀국하려는 사람이 각지에 흩어져 있는데도 일본인 주인이 숨겨두고 놓아주지 않고, 쓰시마 번도 협력하지 않으므로 쇄환의 효과가 없다. 밤에 순풍이 불어 출항했다(이경직, 『부상록』).

제2회 회답 겸 쇄환사(回答 兼 刷還使)의 종사관이었던 이경직이 남긴 기록인 『부상록』에 포로로 끌려온 사람을 어떻게든 귀국시키려고 도모노우라에서 면담하고 설득하는 모습이 기록되어 있다[와카마쓰 미노루(若松實) 역, 『부상록』에서].

도모노우라에서 포로가 되어 일본에 끌려온 전개금(全開金)이라는 사

---

* **부상록(扶桑錄)** 조선 중기의 문신 이경직(李景稷)이 정사 오윤겸의 종사관으로 일본에 다녀오면서 기록한 사행일기

** **강우성(康遇聖)** 본관 진주. 선조 25년(1592) 임진왜란 때 포로가 되어 일본에 끌려갔다가 10년 만에 귀국했다. 일본어와 일본 풍속에 통달하여 왜학훈도(倭學訓導)가 되었으며, 일본과의 통상외교임무를 수행했고, 뒤에 가선대부(嘉善大夫)에 이르렀다. 현종 11년(1670) 간행된 그의 저서 『첩해신어(捷解新語)』(10권)는 숙종 4년(1678) 이후부터 역과(譯科)의 왜학(倭學) 시험과목으로 사용되었다.

*** **로주(老中)** 에도 바쿠후(江戶幕府)의 직명. 쇼군에 직속되어 정무를 담당하던 최고 책임자.

람과 면담했다. 전개금은 창원(昌原)에 살고 있었는데 12~13살 때에 포로가 되어 일본으로 왔다고 스스로 말했지만, 말이 전혀 통하지 않고 그냥 한 사람의 일본인이 되어 있었다.

고향으로 돌아가도록 설득을 해도 "주인인 일본인이 지금 에도에 있으므로 돌아오는 것을 기다렸다가 승낙을 받지 않으면 돌아가지 못합니다. 20여 년이나 은혜를 베풀어준 사람을 배반할 수는 없습니다"라고 말하므로, 재삼 설득하여 "은혜를 입었다고 하지만, 네 부모가 베풀어준 은혜와 비교해서 어느 쪽이 더 소중하다고 생각하는가? 네가 일본에 끌려갈 때에 그것을 네 부모에게 고했던가? 네가 만일 고향으로 돌아가서 부모형제를 만난다면 이는 무엇보다도 기쁜 일이다. 네 부모를 다시 만나는 기쁨을 어찌 헤아릴 수 있겠는가? 짐승은 극히 무지하나, 그래도 새는 둥지로 돌아오고, 소나 말도 자기의 집은 알고 있다. 하물며 사람으로서 금수보다 못한 일이 있어서야 되겠는가"라고 타일렀다.

옆에 일본인이 있었는데, 이 말을 듣고 탄식했다. 그럼에도 불구하고 전개금은 전혀 들으려고 하지 않아서 죽여버리고 싶었지만 어찌할 수가 없었다. 돌아가려고 생각하는 사람의 대부분은 어느 정도 식견이 있는 사족(士族)이거나 일본 땅에서 고생하고 있던 사람들이었다. 이 땅에 처자가 있거나 재산이 있다든지 하여 이미 생활이 안정되어 있는 사람들은 돌아갈 의지가 전혀 없었고, 그것은 비난받아 마땅한 일이었다.

이경직이 전개금과 면담한 것은 1617년 9월 20일이었다. 임진왜란이 끝나고 벌써 19년이라는 세월이 흘렀으므로, 포로로 끌려온 사람들의 쇄환은 좀처럼 진척되지 않았다. 귀국시킬 사람을 찾아내는 것이 곤란하게 된 데다가 겨우 만난 사람들도 전개금과 같이 귀국의 의지를 보여주지 않는 등, 쇄환의 임무를 맡은 이경직은 고뇌가 많았던 것으로 추측된다.

제3회: 회답 겸 쇄환사

도쿠가와 이에미쓰(德川家光)의 제3대 쇼군 습직(襲職)을 축하하여. 인원은 460명.

- **연대** 1624년, 인조 2년, 간에이(寬永)* 원년

  그리스도교를 금지하고, 신자들에 대한 탄압이 심해졌다. 에스파냐에서 내항한 선박 등의 입항도 나가사키(長崎)와 히라토(平戶)로 제한되었다.

- **통신사정사** 정립(鄭岦)

- **후쿠야마 번주** 미즈노 가쓰나리(水野勝成)

- **왕로** 11월 6일 심야에 도착. 선내 숙박.

  - 후쿠야마 번의 기록 … 밤에 도모노쓰(鞆の津)에 정박, 미즈노 씨가 환영행사를 담당. 실제 접대를 담당한 사람은 중급(中級)의 가신(家臣)이었다(후쿠야마 번 편년사료).

  - 통신사의 기록 … 심야에 도모노우라에 도착했다. 민가가 많고 대부분이 기와지붕이다. 접대를 담당한 사람은 예의가 바르기는 하나 성의가 없는 듯이 보였다. 다음날 아침에 대마도주가 출항을 권하기에 어젯밤 늦게 도착한데다가 식료품도 모자라므로 하루 더 묵어가자고 말했지만, 대마도 측이 배를 출항시켰으므로 어쩔 수 없이 출항했다. 접대도 불성실했다. 시모쓰(下津)에서 대마도 관리가 가마가리(蒲刈)에서 보내온 것이라면서 많은 선물과 음식들을 가져왔다. 그러나 도모에서는 아무것도 보내온 것이 없었다(강홍중, 『동사록』).

---

* **간에이(寬永)** 일본 원호의 하나. 1624년부터 1643년까지의 기간을 말한다. 에도 막부의 쇼군은 도쿠가와 이에미쓰(德川家光).

- **귀로** 2월 1일 저녁 무릅에 도착. 선내에서 숙박.

  - 후쿠야마 번의 기록 … 도모노쓰에 기항하여, 1박 하고 출항(후쿠야마 번 편년사료)

  - 통신사의 기록 … 도모까지는 바람과 조수가 반대여서 위험한 항해였다. 해질 무렵에 도모에 도착했다. 접대도 성의 없는 것이어서 선내에서 묵었다. 큰 공사가 행해지고 있는 듯이 큰 돌을 실은 배가 바다를 메우고 있었다. 다음날 아침 해가 뜬 다음 출항했다. 수부들에게는 종일 노를 젓게 했다. 날이 저물어 가마가리에 도착했다. 연회는 없었지만 올 때와 마찬가지로 음식은 훌륭했다(강홍중, 『동사록』).

제4회: 통신사라고 부름

천하태평을 축하하여, 사절단의 명칭을 '통신(通信) 사라고 함. 인원은 478명.

- **연대** 1636년, 인조 14년, 간에이 13년

  3대 쇼군 도쿠가와 이에미쓰는 해외로의 도항을 금지시키는 등 해금정책(海禁政策)과 그리스도교도들에 대한 박해를 강화했다. 이 해에 이에야스를 모신 닛코토 쇼구(日光東照宮)가 완성되어, 통신사에게 닛코(日光)에 참배하도록 의뢰했다. 이때의 통신사 일행은 귀국 도중인 1637년 2월 쓰시마에서 순풍을 기다리고 있던 중에, 부산에서 돌아온 쓰시마의 배로부터 병자호란의 비보에 접했다.

- **통신사정사** 임광(任絖)

- **후쿠야마 번 번주** 미즈노 가쓰나리(당시 73세)

- **왕로** 11월 5일 낮에 도착. 후쿠젠지에서 묵다.

  - 후쿠야마 번의 기록 … 도모에서 1박하고 우시마도로 향함(후쿠야마

번 편년사료). 후쿠젠지가 통신사의 숙소로 정해짐.

- 통신사의 기록 … 오후 2시경 도모에 도착. 번주 미즈노 가쓰나리가 몸소 접대하러 나와서, 성의 있고 예절 바른 접대를 받았다. 간논지(觀音寺: 후쿠젠지를 가리킴)에 묵었다. 도모는 인가가 1,000여 호를 넘어 아카마세키보다 큰 곳이었다[임광, 『병자일본일기(丙子日本日記)』]

• **귀로** 2월 6일 저녁 무렵에 도착. 후쿠젠지에서 묵다.

- 후쿠야마 번의 기록 … 도모에서 1박하고 가마가리로 향했다(후쿠야마 번 편년사료).

- 통신사의 기록 … 시모쓰 근처에서 강풍을 만나 정사선(正使船)의 돛대가 부러졌다. 도모에서 수리했다. 종사관의 배는 도모를 지나쳤다. 부사와 함께 번주의 접대를 받았다. 번주가 정성과 예우를 갖추고 접대를 해주어서 강우성을 보내어 감사의 뜻을 전하게 했다(임광, 『병자일본일기』).

제3회와 제4회는 모두 미즈노 가쓰나리가 접대를 담당했다. 통신사는 제3회의 접대에서는 나쁜 인상을, 제4회에서는 아주 좋은 인상을 주고 있다. 이것은 제3회 때는 미즈노 가쓰나리가 후쿠야마로 온 지 얼마 되지 않은 시기로 번(藩)의 경영을 위한 기반 조성에 온 힘을 쏟던 때여서, 접대를 위해 돈을 쓸 수가 없었기 때문이라고 생각된다.

제5회

쇼군 이에미쓰의 세자 탄생을 축하하여. 1636년의 병자호란 후 양국의 평화우호를 강화하기 위함. 인원은 477명.

• **연대** 1643년, 인조 21년, 간에이 20년

제3대 쇼군 이에미쓰의 시대에는 통신사 초빙이 세 번 있었다. 1642년,

1643년은 대기근이 일어나 굶어죽는 사람들이 많이 있었다. 막부는 농촌을 다시 일으키기 위해 필사적이었다.

- **통신사정사**　윤순지(尹順之)
- **후쿠야마 번주**　미즈노 가쓰토시(水野勝俊)
- **왕로**　5월 27일 밤 도착. 후쿠젠지에서 묵다.
  - 후쿠야마 번의 기록 … 3월에 조선왕국으로부터의 선물로 큰 범종(梵鐘)이 도착하여 우시마도로 보냈다. 통신사는 도모에서 1박한 후, 시라이시지마(白石島)에서 하루 더 선내에서 숙박했다(후쿠야마 번 편년사료).
  - 통신사의 기록 … 도모에 도착한 것은 심야였다. 후쿠젠지에서 숙박했다. 절 앞바다에는 섬이 하나 있는데 원숭이산[猿山]이라고 했다. 이 산에는 원숭이가 많다고 했다. 후쿠젠지에서 바라본 경치는 일품이다. 번주는 에도에 있었기 때문에, 대관*이 접대의 책임자였다. 인가의 등불도 밝고, 가미노세키에 버금간다. 다음날 출항 후 강풍이 불어 배가 나아가지 못하므로, 시라이시지마(白石島)에 정박하고 선내에서 묵었다. 시라이시지마는 돌의 산지이다(작자 미상, 『계미동사일기』**).
- **귀로**　9월 14일 저녁 무렵에 도착. 선내에서 숙박.
  - 후쿠야마 번의 기록 … 도모에서 물을 보충하고 즉시 출항했다(후쿠야

---

* **대관(代官)** 에도 시대 막부 직할의 토지를 관할하고, 그곳의 민정을 맡아 보던 지방관.
** **계미동사일기(癸未東槎日記)** 인조 21년(1643) 2월부터 11월까지 10개월간 일본을 다녀온 사신들의 사행(使行) 일기. 이때에 사행한 사신은 정사 윤순지(尹順之), 부사 조경(趙絅), 종사관 신유(申濡) 등으로, 도쿠가와 이에야스의 아들 이에쓰나의 생일 축하를 위해 파견되었으며, 임진왜란 때 잡혀간 포로들의 쇄환 임무도 겸했다. 저자는 이들 사신들의 수행원 중 한 사람으로 보인다. 내용은 비교적 간략하여, 어느 날 어디에 머물렀다는 정도의 기록만 있다

마 번 편년사료)

- 통신사의 기록 … 오후 4시경에 도모노우라에 도착했다. 상륙하여 식사를 제공받고 물을 보충한 후 즉시 출항했다. 도중에 다지마(田島) 앞바다에서 바람을 피해 정박했다가 오후 10시경에 다시 출발하여 가마가리에는 다음날 아침에 도착했다(작자 미상, 『계미동사일기』).

제6회

도쿠가와 이에쓰나의 제4대 쇼군 습직을 축하하여. 인원은 485명.

- **연대** 1655년, 효종 6년, 메이레키(明曆: 1655~1657) 원년

유학, 그중에서도 주자학이 번성하여 유학자가 배출되었다. 무사계급을 중심으로 한 문화가 꽃피었다.

- **통신사정사** 조형(趙珩)
- **후쿠야마 번주** 미즈노 가쓰사다(水野勝貞)
- **왕로** 8월 22일 저녁 무렵에 도착. 후쿠젠지에서 묵고, 다음날 23일도 숙박했다.

  - 후쿠야마 번의 기록 … 번주 가쓰사다(勝貞)가 막부의 명령으로 접대를 담당하게 된다. 강한 비바람으로 2박했다(후쿠야마 번 편년사료).

  - 통신사의 기록 … 오후 4시경 도모노우라에 도착했다. 번주는 에도에 있었으므로 가로(家老)*가 접대 책임자였다. 비단 장막을 두르고 채색을 한 배들이 부두에 나란히 서 있었다. 많은 구경꾼이 길을 메우고, 배를 타고 가까이 다가왔다. 그들은 먹을 음식을 지참하고 있었다. 솥까

---

* **가로(家老)** 무가(武家)의 가신단(家臣團) 중 최고의 지위에 있던 직책이며, 정치·경제를 보좌했다.

지 준비한 사람도 있었다. 식사도 화려했고 경치도 최고였다. 바다는 조용했으며 돛단배가 왕래하고 물새가 어지럽게 날고 있었다. 일행은 많은 한시를 낭송했다. 다음날은 비로 인해 출항하지 못하고 경치를 구경했다. 구경꾼들은 하루 종일 떠나지를 않았다[종사관 남호곡(南壺谷), 『부상록』].

- **귀로**   12월 24일 저녁 무렵에 도착. 후쿠젠지에서 묵다.
  - 후쿠야마 번의 기록 … 도모에서 1박하고 가마가리로 향했다(후쿠야마 번 편년사료)
  - 통신사의 기록 … 오후 4시경 도모노우라에 도착했다. 항해는 편안했다. 나는 그대로 선상에서 묵었다. 후쿠젠지를 노래한 시를 지었다. 다음날 아침 해뜨기 전에 출항하여 어두워져서야 가마가리에 도착했다(종사관 남호곡, 『부상록』).

제7회

도쿠가와 쓰나요시(德川綱吉)의 제5대 쇼군 습직을 축하하여. 인원은 473명. 문화교류가 더욱 깊어졌다.

- **연대**   1682년, 숙종 8년, 덴와(天和: 1681~1683) 2년
  농업과 수공업의 발달과 함께 상업도 발달하여, 각지에 마을이 생겼다. 에도, 오사카, 교토가 특히 발전했다.

- **통신사정사**   윤지완(尹趾完)

- **후쿠야마 번주**   미즈노 가쓰타네

- **왕로**   7월 19일 심야에 도착. 후쿠젠지에서 묵다.
  - 후쿠야마 번의 기록 … 번으로서 충분한 준비태세를 갖추고 있었다. [이륙시중잡화(二六時中雜話: 덴와 2년 조선인 내조 준비[朝鮮人來朝手筆]]의

복사본), 후쿠젠지(福禪寺) 사료].

막부가 접대에 대한 수칙을 포고(후쿠야마 번 편년사료).

- 통신사의 기록 … 한밤중에 도모노우라에 도착했다. 100척의 배가 불을 밝혀 마중해주었다. 부교(浮橋)로 된 부두와 대나무 난간이 훌륭했고, 통로에는 돗자리를 깔고 돌계단에는 융단이 깔려 있었다. 선상에서 묵으려고 했으나 접대 담당자가 후쿠젠지에 묵을 것을 간곡하게 권하므로, 배에서 내려 식사를 제공받았다. 후쿠젠지는 규모도 크고 아름다우며 넓은 바다 쪽으로 열려 있어서 작은 섬이 가까이 또는 멀리 보여, 그 훌륭한 경치는 그림으로 그려낼 수 없을 정도로 절경이다. 번주가 가물치[雷魚]와 도미와 술을 보내왔다. 다음날 아침 배로 돌아가는 길에는 많은 구경꾼이 있었다. 그들은 소리 한마디 내지 않고 구경하고 있었다[역관 홍우재(洪寓載), 『동사록』].

• **귀로** 10월 10일 아침에 도착. 선내에서 숙박.

- 후쿠야마 번의 기록 … 1682년의 제7회 접대 후에, 후쿠젠지에 통신사 숙사로 쓰기 위한 영빈관을 신축했다고 생각된다. 또한 도모노우라의 상인 나카무라야 기치베(中村屋吉兵衛)가 호메이슈(保命酒)를 고안하여, 통신사의 접대에 사용되었다.

- 통신사의 기록 … 어제 아침에 무로쓰를 출발하여, 우시마도에는 기항하지 않고 노를 저어서 오늘 아침 도모노우라에 도착했다. 도모에 도착했지만 역풍이 불어 다지마 앞바다에 피난했다. 번주로부터 말린 도미, 술, 꿩고기, 곶감 등을 보내왔다. 이날은 선상에서 묵었다(홍우재, 『동사록』).

제8회

도쿠가와 이에노부의 제6대 쇼군 습직을 축하하여. 인원은 500명. 아라이 하쿠세키*에 의한 일방적인 예절의 개혁으로 상호 의견충돌이 속출했다.

- **연대**　1711년, 숙종 37년, 쇼토쿠(正德) 원년

  17세기 말부터 18세기 초까지, 겐로쿠(元祿) 문화라고 불리는 초닌** 계급을 중심으로 한 문화가 꽃핀 시대였다. 소설, 하이쿠[俳句: 일본 고유의 단시형(短詩形)], 시바이(芝居: 연극), 그림, 유학, 학문 등 여러 분야에서 초닌 계급 출신들이 활약했다.

- **통신사정사**　조태억(趙泰億)

- **후쿠야마 번주**　아베 마사쿠니(阿部正邦)***

- **왕로**　9월 9일 밤에 도착. 후쿠젠지의 영빈관에서 숙박.

  - 후쿠야마 번의 기록 … 아라이 하쿠세키가 통신사의 환영 및 접대방법을 변경. 연회는 아카마세키(귀로는 우시마도), 오사카, 교토, 나고야, 순푸(駿府) 등 5곳으로만 정했다. 후쿠야마 번에서는 신축한 영빈관을 정사들의 숙소로 정한다. 후쿠야마 번이 접대와 가와고자부네의 준비를 지시한다. 도모 마을의 유력한 상인들이 접대를 맡도록 했다[『나카무라가 일기(中村家日記)』].

---

* **아라이 하쿠세키(新井白石)**　1657.3.24~1725.6.29. 에도 시대의 정치가, 학자.
** **초닌(町人)**　에도 시대에 도시에서 활동한 상공업자. 시정아치.
*** **아베 마사쿠니(阿部正邦)**　미즈노(水野) 가문의 자손이 끊어져 1710년에 관동 지방의 소번주(小藩主)였던 아베 마사쿠니가 후쿠야마 번의 새 번주로 임명되었다. 이후 아베 가문은 막부 말기까지 이어졌다. 특히 아베 가문 제8대인 아베 마사히로(阿部正弘)는, 1843년 25세로 막부의 중심 각료인 로주(老中)의 수좌가 되어, 당시의 가장 큰 현안이었던 개국 문제에 몰두하여, 1853년의 페리(Perry)의 내항(來航)과 다음해의 미일화친조약 체결을 지휘했다. 그러나 1857년 로주 재임 중에 39세의 젊은 나이로 사망했다.

영빈관에 삼사(三使)와 상관(上官) 8명이 모였을 때 "도모의 경치가 참으로 아름답다고 들었는데, 일본에 와서 쓰시마에서 관동(關東)까지 둘러본 중에 여기 경치가 가장 훌륭하다"라고 모두가 입을 모아 말하고, 종사관 이방언(李邦彦)이 '일동제일형승(日東第一形勝)'*이라는 글을 썼다[19세기 초의 세이비명구(西備名區)에 기록되어 있는 이야기].

- 통신사의 기록 … 도모노우라에 오후 10시경 도착했다. 수백에 달하는 배들의 등불로 불야성을 이룬, 그야말로 장관이었다. 숙사인 후쿠젠지까지 길 양쪽에 늘어선 민가들은 화려했다. 많은 구경꾼들이 모여 있었다. 삼사는 물론 상관부터 하관까지 번주에게서 말린 도미와 술 등의 선물을 받았다. 다음날 아침에 출항했다. 얼마쯤 지나서 북쪽에 성이 보였다. 번주의 성이었다[압물통사(押物通事) 김현문(金顯門), 『동사록』].

• **귀로**   12월 30일 오후에 도착. 후쿠젠지의 영빈관에서 묵었다. 다음날인 1월 1일에도 묵었다.

- 후쿠야마 번의 기록 … 특별히 없음.

- 통신사의 기록 … 오후 4시경 도모노우라에 도착했다. 석양을 받은 후쿠젠지에서의 조망은 각별했다. 밤이 되니, 번주에게서 9월에 왔을 때보다 더 많은 선물이 있었다. 삼사와 상관에서 하관까지 말린 도미와 술, 꿩고기, 떡 등을 보내왔다. 요리도 꿩, 사슴, 멧돼지 고기 등이 있어 대단히 풍성했다. 모두들 번주에게서 큰 환영을 받고 술에 취했다. 그 답례의 의미도 겸해서 삼사가 한시를 지어 절에 기증했다[이때의 한시

---

* **일동제일형승(日東第一形勝)** 조선에서 동쪽으로는 세계에서 제일 경치가 좋다는 의미로, 통신사 이방언이 도모의 경치를 칭찬한 말이다.

는 목각액자로 만들어 후쿠젠지에 보존되어 있다X압물통사 김현문, 『동사록』).

제9회

도쿠가와 요시무네(德川吉宗)의 제8대 쇼군 습직을 축하하여. 인원은 475명.

- **연대** 1719년, 숙종 45년, 교호(享保) 4년

  도쿠가와 요시무네는 아라이 하쿠세키를 파면하고, 통신사의 접대는 제7회인 덴와(天和) 2년의 예를 부활시켜 거행하기로 했다.

- **통신사정사** 홍치중(洪致中)

- **후쿠야마 번주** 아베 마사요시

- **왕로** 8월 20일 오후에 도착. 후쿠젠지 영빈관에서 묵었다.

  - 후쿠야마 번의 기록 … 쇼군 요시무네가 접대방법을 제7회의 방식으로 되돌렸다(후쿠야마 번 편년사료).

    이토 바이우(伊藤梅宇)가 삼사와 서기(書記)인 성몽량(成夢良)과 필담(筆談). 동자문(童子問)을 아메노모리 호슈*를 통해서 성몽량에게 증정했다. 다음날 바이우는 신유한을 다다노우미까지 배웅했다(신유한의 깊은 학식을 존경했으므로)[『비요육군지 외지부록(備陽六郡誌外志付錄)』].

  - 통신사의 기록 … 오후 3시경 도모노우라에 도착했다. 그대로 우시마도까지 가려고 하자, 일본 측 관리가 쓰시마 번주의 배가 늦어지고 있으므로 도모에서 묵고 가자고 했다. 늦게 도착한 쓰시마 번주가 "각지

---

* **아메노모리 호슈(雨森芳洲)** 막부의 지령(指令)으로, 히데요시의 조선침공 후의 외교관계 수복에 힘쓴 외교관.

172

에서는 쇼군의 명령으로 접대를 하고 있다. 각 번은 그 때문에 많은 비용을 쓰고 있다. 그러므로 그냥 지나칠 수는 없다"라고 역설하므로, 날이 저물어 상륙하여 숙소로 들어갔다. 항구에서 숙소에 이르는 길에는 돗자리가 깔려 있고 먼지 하나 없이 깨끗했다. 다섯 걸음마다 장대를 세우고 큰 등불을 내걸어 환하게 비추므로 그 밝기가 대낮 같았다. 기와를 얹은 집이 꽉 늘어서 있고 몸치장을 한 많은 구경꾼이 모였으며, 도모는 아카마세키 동쪽에서 가장 큰 도시이다.

모든 사람들이 여기가 제일의 경치라고 자신 있게 주장한다. 번주가 관리를 시켜 많은 선물을 가져왔다. 이튿날 아침 일찍 출항했다(제술관 신유한, 『해유록』).

- **귀로** 11월 18일 낮에 도착. 후쿠젠지 영빈관에서 묵었다.

  - 후쿠야마 번의 기록 … 특별히 없음.

  - 통신사의 기록 … 도모에 도착하자 귤과 유자의 좋은 냄새가 났다. 좋아하는 밀감을 얻었다. 에도로 갈 때보다 돌아올 때의 대접이 더욱 융숭했다. 도모노우라에서는 살아 있는 꿩이 300마리나 준비되어 있어서 놀랐다. 다음날 아침, 바람이 적당해서 사공들은 출항을 서둘렀지만, 쓰시마 번주가 출발을 늦추는 바람에 오후가 되어 겨우 출항했다. 비가 내렸기 때문에 다다노우미 앞바다에 정박해서, 하루를 묵었다. 다음날은 강한 바람이 불어 출항할 수 없었으므로, 사신들은 상륙하여 작은 사찰에서 쉬었다(신유한, 『해유록』).

제10회

도쿠가와 이에시게(德川家重)의 제9대 쇼군 습직을 축하하여. 인원은 475명.

- **연대** 1748년, 영조 24년, 엔쿄(延享: 1744~1747) 5년＝간엔(寬延) 원년(元年)
막부와 각 번들의 재정이 힘들어져 조세를 올렸기 때문에 농민들의 폭
동이 많이 발생했다. 게다가 1732년에는 서일본 지방에서 대기근이 발
생했다.

- **통신사정사** 홍계희(洪啓禧)

- **후쿠야마 번주** 아베 마사요시[그가 오사카에 조다이(城代)*로 갔기 때문
에, 도모노우라에서의 접대 총지휘자는 분고(豊後)** 대관(代官)인 오카다 쇼
타유(岡田庄太夫)와 우와지마 번(宇和島藩)이 담당].

- **왕로** 4월 14일 오후에 도착. 선내에서 숙박.

  - 후쿠야마 번의 기록 … 쓰시마 번 무사들의 숙사분담[『나카무라가 일
기(中村家日記)』, 『조선인행렬기(朝鮮人行列記)』가 저술되었다. 조선어 회
화집을 기재].

  삼사는 아미타지(阿彌陀寺)로 가게 되었다. 후쿠젠지에 묵을 수 없게
된 것에 대해 화를 내며 선내에서 묵었다[『비요육군지 외지부록(備陽六
郡誌外志付錄)』].

  이토 가다이(伊藤霞臺)가 제술관 박경행(朴敬行)과 필담[『평교창수록(萍
交唱酬錄)』].

  숙소 할당표: 삼사의 숙소는 아미타지, 상관의 숙소는 난젠보(南禪坊)
로 한다[『조선인행렬기(朝鮮人行列記)』].

  조선어단어집: 담배를 엔쓰(연초)라고 한다. 떡을 힝(병)이라고 한다.

---

* **조다이(城代)** 옛날, 성주를 대신해서 성을 지키는 사람. 오사카 성에는 성주가 따로
없었기 때문에, 기한을 정하여 다른 다이묘들에게 성주의 역할을 맡겼다.
** **분고(豊後)** 옛날의 분고노쿠니(豊後國)는, 현재의 오이타 현(大分縣) 북부를 제외한
대부분의 지역에 해당된다.

아미타지 본당

술을 추(酎)라고 한다(『조선인행렬기』).

- 통신사의 기록 … 오후 1시경 도모노우라에 도착했다. 시간이 이르고 바람도 적당하므로 더욱 나아가려고 했으나, 쓰시마 번주가 말리므로 항구로 들어갔다. 저녁 무렵에 국서를 들고 상륙했다. 방파제에서 관사까지 돗자리가 깔려 있고 길 양쪽의 집들은 모두 등을 달고 있었다. 구경꾼들은 집 안에서 발을 치고 구경하고 있어서, 밖에 나와 구경하는 사람은 한 명도 없었다. 숙소는 후쿠젠지가 아니었다. 화재로 타버렸기 때문이라고 하는 것이었다. 그런데 다음에 물어보았더니, 후쿠젠지는 불탄 것이 아니라 너무 오래되었으므로 숙소를 바꾸었다고 했다. 일본인이 교묘하고 부실한 것은 통탄할 일이다[종사관 조난곡

(曹蘭谷), 『봉사일본시문견록(奉使日本時聞見錄)』].

- **귀로** 7월 10일 날이 저물어서 도착. 후쿠젠지 영빈관[대조루(對潮樓)]
  에서 묵었다.

  - 후쿠야마 번의 기록 … 마을의 장로들에게 위로금 지급, 합계 3냥 남
    짓(『나카무라가 일기』).

    접대가 끝난 후, 번주가 '대조루'를 액자로 만들었다. 홍계희가 후쿠
    젠지의 영빈관을 대조루라 이름 짓고, 홍경해가 글을 써서, 주지에게
    바다에서 보이도록 걸어주었으면 좋겠다고 부탁했다(비요육군지 외
    지부록).

    일행은 많은 한시를 읊었다[『한객사화(韓客詞花)』].

  - 통신사의 기록 … 해질 무렵에 도모노우라에 도착했다. 정사가 쓰시
    마 관리에게 "후쿠젠지에 묵을 수 없다면 배에서 묵겠습니다"라고 하
    자, 그 관리는 "날씨가 좋지는 않지만 한번 올라 구경하시는 것이 좋을
    것입니다"라고 했다. 그의 말은 거짓이 아니었다. 구름이 지나가는 달
    빛 아래 푸른 물결이 비단을 펼친 것 같고, 수천 수백의 돛단배가 기슭
    에 정박해서 점점이 등불을 내걸고 있다. 마치 눈앞에 별들이 빛나고
    있는 것 같고 신선이 되어 하늘에 오르는 기분이었다. 두보의 『악양루
    시(岳陽樓詩)』의 운자(韻字)를 따서 승려에게 시를 써주었다[종사관 조
    난곡(曹蘭谷), 『봉사일본시문견록(奉使日本時聞見錄)』].

제11회

도쿠가와 이에하루(德川家治)의 제10대 쇼군 습직을 축하하여. 인원은
477명. 막부의 재정이 힘들어지고 세력도 쇠퇴하기 시작했다.

- **연대** 1764년(한성 출발은 1763년 8월), 영조 40년, 호레키(寶曆: 1751~1763)

오유미신지와 사기초

14년＝메이와(明和: 1764~1771) 원년

서민들 사이에서 문학을 중심으로 한 문화가 널리 퍼졌다. 또한 『고사기』[*]와 『일본서기』^{**}의 연구를 통해 국학(國學)이 융성했다.

- **통신사정사**   조엄(趙曮)
- **후쿠야마 번주**   아베 마사스케[번주가 교토 쇼시다이^{***}로 가 있어서, 접대는 분고(豊後)의 다케다 번주(竹田藩主) 나카가와 슈리타유(中川修理大夫)가 담당]
- **왕로**   1월 11일 밤에 도착. 후쿠젠지의 대조루에 묵었다.
  - 후쿠야마 번의 기록 … 통신사 477명, 쓰시마 번 관계자 600명과 후쿠

---

* **고사기(古事記)** 고대 일본의 신화·전설 및 사적을 기술한 책(712).
** **일본서기(日本書紀)** 일본 나라(奈良) 시대에 관찬(官撰)으로 이루어진 일본의 역사서(720).
*** **교토 쇼시다이(京都所司代)** 에도 시대에 교토의 경비·정무를 취급하던 직책.

야마 번 무사들의 숙소분담을 정했다. 도모에 있는 28곳의 사찰 중 18
곳을 숙소로 정하고 80채의 상가(商家)를 더하여도 숙소가 부족했으
므로, 의사·목수·신사(神社)의 궁사(宮司)들 집도 숙소로 정해졌다[도
모노쓰제관옥병대주공어가중장로통사숙(鞆津諸館屋竝對州公御家中長老
通詞宿)]. 숙소는 다음과 같이 정해졌다. 삼사: 후쿠젠지, 상관·차관·
상상관(上上官): 조센지(淨泉寺), 중관: 지조잉(地藏院), 하관: 묘엔지(明
円寺), 말[馬]: 아미타지(阿彌陀寺), 매[鷹]: 난젠보(南禪坊) 등.

1월 3일에 조선의 사신이 내빙(來聘)하므로, 예년에 하던 축제인 오유
미신지(御弓神事)*와 사기초(左義長)**의 행사를 올해는 연기하도록 요
구했다.

1월 11일 오후 6시경 조선의 삼사가 도착. 3사의 배는 수놓은 비단 장막
으로 장식했고, 차관(次官)의 배는 주홍빛 단자의 장막으로 장식되어
있었다. 선착장에서 삼사의 숙소인 후쿠젠지까지 지나가는 길에는 양
탄자와 돗자리를 깔아놓았다. 돗자리는 3,500장, 장식용 제등은 6,600
개, 양초가 4만 개 등이 필요했다. 그 외에도 조선국 사신에게 보내는
선물도 많이 있었다. 쓰시마의 관리와 가신들은 위에서 아래까지 약
500명, 조선인 총 480명 정도, 쓰시마 번의 배 50척, 조선의 배 5척, 그리
고, 조선국 삼사의 관직명은 왼쪽과 같다. (중략) 다음날 12일 정오에 무

* **오유미신지(御弓神事)** 도모노우라의 축제로 정월(음력 1월 7일)에 행해졌다. 오곡풍
성(五穀豐盛)과 파사현정(破邪顯正)을 기원하고, 지난 1년의 악귀를 날려 보내는 의미
로 활터에서 6명의 사수(射手)가 20m 전방의 과녁을 향해 10발의 화살을 쏜다.

** **사기초(左義長)** 도모노우라의 축제로 정월(음력 1월 15일)에 행해졌다. 보름 동안 장
식했던 가도마쓰(門松: 새해를 축하하여 정초에 문 앞에 세우는 장식 소나무)와 시메나
와(しめ繩: 부정을 막기 위해 길이나 문에 건너질러 메는 줄)를 각자가 가지고 모여서 불
태우며 악마를 쫓는 행사이다.

사히 출항했다(『나카무라가 일기』).

- 통신사의 기록 … 다다노우미에서 글을 잘 쓰는 아만(阿萬)이라는 8살짜리 소년을 만났다. 신동이라고 할 만했다[아만은 라이쿄헤이(賴杏坪: 인명)를 이름]. 오후 8시에 도모노우라에 도착하여, 국서를 받들고 후쿠젠지로 가서 쉬었다. 이전의 사신들이 이 도모노우라를 일본 여정에서 가장 경치가 훌륭한 곳이라고 하여, 동정호(洞庭湖)나 악양루(岳陽樓)에 비교했다. ……주위의 경치를 보니 참으로 좋은 강산과 누대(樓台)이다. 신유년(辛卯年: 1711)에는 이방언이 '일동제일형승(日東第一形勝)'의 액자를 만들어주었고, 무진년(1748)에는 삼사들이 악양루의 운자(韻字)를 따서 지은 시를 승려에게 주었다고 한다. 사찰의 승려가 그것을 보여주므로, 돌아가는 길에 시를 써주겠다고 말하고, 약과와 부채만을 주었다. 그때 홍경해가 '대조루' 석 자를 편액에 써서 벽에 걸었다고 하는데, 지금은 그가 죽고 없으니 이것을 보고 한층 더 애처로운 마음을 가졌다[조엄, 『해사일기(海槎日記)』].

- (1월 28일의 기록 … 교토에서 조엄이 아베 마사스케를 만났을 때의 상황) 교토 쇼시다이인 아베 마사스케는 훌륭한 사람으로 행동도 품격이 있으며, 재상다운 풍격이 있었다. 일본에 와서 막부 각료들 중에서는 처음으로 보는 인물이었다.

• 귀로   5월 11일 심야에 도착. 후쿠젠지 영빈관=대조루에서 묵었다.

- 후쿠야마 번의 기록 … 특별히 없음.
- 통신사의 기록 … 도모노우라 앞 여울의 조수가 빨라서 시간이 걸렸고, 도착해보니 벌써 깊은 밤이었다(도착한 것은 오후 12시경). 다시 대조루에 올라보니 바다 경치와 달빛이 올 때와 조금도 다르지 않았다(조사일기』)(조엄은 쓰시마에서 고구마를 가지고 돌아갔다).

제12회

　도쿠가와 이에나리(德川家齊)의 제11대 쇼군 습직을 축하하여. 습위(襲位)는 1787년으로, 24년이 지난 후의 초빙. 그것도 쓰시마에서의 역지빙례*로 행해졌다. 인원은 328명.

- **연대**　1811년, 순조(純祖) 11년, 분카(文化: 1804~1817) 8년

　1787년까지 5년이나 지속된 덴메이(天明: 1781~1788)의 대기근이 있은 뒤, 폭동이 여러 번 일어나고 사회는 혼란했다. 막부는 검약령(儉約令)을 중심으로 한 개혁정치를 실시했지만 효과는 없었다. 이 무렵부터 러시아가 개항을 요구하며 일본 근해에 자주 출몰하게 되었다.

- **통신사정사**　김이교(金履喬)
- 쓰시마에서 응접: 역지빙례

　※ 이 장(2.)의 글은 후쿠야마 시 도모노우라 역사민속자료관(鞆の浦歷史民俗資料館) 도모노카이(友の會)가 편집한 「조선통신사와 후쿠야마 번: 도모노쓰 1·2」를 참고로 기술했다.

---

　* **역지빙례(易地聘禮)** 장소를 바꾸어 행하는 초청의 예.

3. 조선통신사가 남긴 발자취

　1682년에 파견된 제7회 조선통신사는 문화사절단으로서의 성격이 매우 강했다. 원래 정사 이하의 삼사는 높은 교양을 지닌 사람들이었지만, 거기에 더해서 "국내에서 명성이 알려진 뛰어난 재능을 가진 사람은 모두 데리고 간다"라고 말한 것과 같이, 전국에서 문장이 뛰어난 사람, 한시를 잘하는 사람, 글이나 그림을 잘 그리는 사람, 악기 연주의 명수, 춤의 명수 등이 선발되어 사절단에 포함되었다.

　그 때문에 도모노우라에 파견된 통신사의 발자취로서의 한시와 글은 제7회 이후의 것이 많이 있다.

이야말로 제일의 경치! '일동제일형승(日東第一形勝)'과 대조루

　도모노우라의 앞바다에는 크고 작은 많은 섬이 있고, 그것들은 멋진 경관을 만들어내고 있다. 이미 제2회(1617년) 사절단의 종사관이었던 이경직은 "……가미노세키에서 동쪽은, 섬들과 포구의 경치가 아주 훌륭한 곳이 많고, 도모노우라에 도착하면 그 경치가 말할 수 없이 절경이었다"고 부상록에 남긴 바 있다.

　통신사 삼사 등의 숙소로서 사용된 후쿠젠지는, 직접 파도가 밀려오는 해안 절벽 위에 세워져 있다. 후쿠젠지의 본당에 인접하여 바다 쪽으로 동서와 남북이 함께 15m 정도이고, 그 넓이는 다다미 75장 정도의 크기이며, 기와를 얹은 팔작집 지붕 건축 양식의, 동쪽과 남쪽으로 크게 창을 낸 건물이 있다. 그 건물은 1690년대에 번주 미즈노가(水野家)의 미즈노 가쓰시게(水野勝種)의 명령에 의해 세워져서 통신사의 영빈관으로 사용되기 시작했다.

이방언의 글 : 일동제일형승(日東第一形勝)

영빈관 앞을 가로막는 것은 없으며, 영빈관 동쪽 창으로는 센스이지마(仙醉島)를 중심으로 벤텐지마(弁天島), 고고지마(皇后島)라는 이름의 작은 섬들이 떠 있는 것이 보이고, 남쪽 창으로는 멀리 시코쿠(四國)의 산들이 보이는 특별한 경치다. 이러한 도모노우라의 후쿠젠지에서 보는 경치의 아름다움은 이경직의 기록뿐만 아니라 이후의 통신사 기록에도 나타나 있으며, 통신사 삼사는 후쿠젠지에 묵는 것을 긴 여행의 가장 큰 즐거움으로 생각했다.

제8회 조선통신사(1711년)의 삼사와 상상관 등 8명은 에도로 가는 길에 도모노우라에 도착하여 후쿠젠지의 영빈관에 모였다. 그리고 영빈관에서 보이는 도모노우라의 풍경을 "전부터 들어서 알고는 있었지만, 소문과 다름없는 훌륭한 풍경이다"라고 절찬했다. 그들은 모두, "쓰시마에서 에도까지 어디가 가장 경치가 좋은가 생각해보니 도모노우라가 으뜸임에 틀림없다. 16개의 눈이 보고 있으므로 틀림이 없다"며 이구동성으로 칭찬했다. 통역을 담당하던 사람이 "16개의 눈이란 무슨 뜻입니까?" 하고 물으니, "16개의 눈이란 여덟 사람이 보았음이다"라고 하면서 즐거운 듯이 웃었다고 한다.

그 뒤 종사관 이방언이 붓을 잡고, 이 멋진 경치를 칭송하는 말을 먹자

일동제일형승(日東第一形勝)의 목각편액 위 사진이 번주 아베 마사키요가, 아래 사진이 간 차잔이 최선을 다해 만든 것이다.

국도 선명하게 써 내려갔다. 그것이 '일동제일형승(日東第一形勝)'이라는 찬사이다. 그리고 이 글은 편액으로 만들어져 후쿠젠지의 객실에 장식되었다.

　현재 후쿠젠지에는 이방언의 글이 아닌, 사진과 같은 두 개의 목각액자가 걸려 있다. 폭이 넓고(47.5㎝) 길이가 긴(197.5㎝) 목각 액자는 1810년, 분카(文化: 일본의 元號, 1804~1817) 7년에 후쿠야마 번주인 아베 마사키요가명하여, 이방언의 글을 목판에 새겨 객실에 걸어놓게 한 것이다. 다른 하나의 편액은 1812년, 분카 9년에 후쿠야마 번에 소속된 유학자였던 간 차잔이 이방언의 글을 조금도 다르지 않게 목각하여 후쿠젠지에 기증한 것이다.

　이 편액의 뒷면에는 각각의 제작의도를 기록한 명문(銘文)이 씌어 있다. 그 기록에 의하면, 긴 편액에는 "……우리 영주님께서는 남강(南岡: 이방언의 호)의 글이 오래되어 썩어 없어질 것을 염려하여 그 글을 목판에 새기

대조루에서 바라본 경치 벤텐지마(弁天島)를 중심으로

게 하여, 오래 사찰에 보존하도록 명했다"라고 씌어 있다. 다른 쪽 편액에는 "……별도로 한시가 세 수 있다. 삼사가 각각 지은 시이며, 시도 글도 모두 훌륭하다. 그 고장 사람과 의논해서 목판 인쇄를 하여 많은 사람들이 볼 수 있게 하려고 했으나, 찬동하는 사람이 없었다. 그러한 사정 때문에, 우선 '日東第一形勝'만을 판목에 새겼다"라는 글이 있다. 이 통신사가 남긴 한시와 글의 훌륭함을 많은 사람들이 볼 수 있게 하고, 또한 자신의 제자들[간 차잔은 렌쥬쿠(廉塾)라고 하는 사설 학교를 운영하고 있었다]에게 보이고, 학습의 교재로 삼기 위해 제작한 마음을 알 수 있다.

다만, 간 차잔이 쓴 명문의 첫머리에 "이것은 조선의 이방언이 쓴 대조루(對潮樓)의 편액이다. 조선의 조공사(朝貢使)가 오면 관례로 여기에 묵었다"라고 통신사를 가리켜 조공사로 기록하고 있다. 간 차잔이 활약했던 19세기 초에는 일본식 화이의식(華夷意識)을 바탕으로 조선을 한 단계 낮게 보는 시각이 널리 퍼지기 시작하던 때이므로 그러한 영향이 아닐까 하고 생각한다.

대조루의 목각편액

홍경해의 글 : 대조루(對潮樓)

　　더욱이 1784년의 제10회 조선통신사의 정사 홍계희는 에도로 가는 길
에는 의견 충돌로 인해 묵지 않았지만, 귀국길에는 후쿠젠지의 영빈관에
서 묵었다. 에도로 가는 길에는 볼 수 없었던 영빈관에서 보이는 훌륭한
경치에 새삼스럽게 다시 감탄한 홍계희는 영빈관을 '대조루(對潮樓)' 라
고 이름 지었다.

　　그러자 아들이자 당시의 명필이던 홍경해는 세로 84㎝, 가로 203㎝나
되는 다다미 1장에 필적하는 큰 종이를 사찰의 주지에게 준비시켜 먹물도
검게 '對潮樓' 라고 썼다. 그리고 홍경해는 "바다에서 잘 보이도록 했으면
좋겠다"고 주지에게 말하고 주지가 그의 말대로 하여, 앞바다를 지나가는
배에서도 그 문자는 선명하게 보였다.

　　그 뒤, 이야기를 들은 후쿠야마 번주 아베 마사요시가 그 글을 편액으로 만들어 후쿠젠지에 기증했다. 지금 이 글은 목각 편액이 되어 홍경해의 묵적을 선명하게 남기면서 대조루에 걸려 있다.

또한 후쿠젠지에는 통신사에 관계된 당시의 유물과 건축물이 양호한 상태로 남아 있어서, 1994년에 국가의 사적 '조선통신사 유적, 도모후쿠젠지경내(鞆福禪寺境内)' 로 지정되고 그 유물의 보존을 위해 얼마간의 보조를 받았다. 이때 후쿠젠지 외에 우시마도의 혼렌지(本蓮寺) 경내와 시즈오카 시(静岡市: 옛 시미즈 시)의 세이켄지(清見寺) 경내도 함께 지정되었다.

실은 국가가 후쿠젠지를 조선통신사 관계의 사적으로 지정하기 이전에, 쇼와 15년(1940), 히로시마 현이 사적명승 천연기념물 보존법에 근거하여 대조루를 현(縣)의 사적으로 지정했다. 그 고시문에는 "히로시마 현 사적명승 천연기념물 보존 현창규정(廣島縣 史蹟名勝 天然記念物 保存 顯彰規定)에 의해 사적으로 지정했다. ……도모 조선신사 숙사터(鞆朝鮮信使宿館趾)[도모 대조루(鞆對潮樓)……]"라고 씌어 있다.

메이지 시대가 되어 일본인들 사이에 조선 멸시의식이 널리 퍼지고, 가혹한 식민지 지배가 행해졌다. 하지만 그와는 반대로 조선통신사가 가져다준 선린우호의 역사가 숨겨져 있었던 시대배경을 바탕으로 '조선신사(朝鮮信使)' 라는 표현을 분명하게 사용하여, 그 역사를 보존하고자 했던 것은 기억해둘 만한 것이라고 생각한다.

한시(漢詩)

제8회 통신사의 정사 조태억, 부사 임수간, 종사관 이방언 등 세 명은 귀국길에서 섣달그믐인 12월 30일 오후 4시경에 도모노우라에 도착했다. 밤이 되자 번주 아베 마사쿠니가, 에도로 가던 9월에 들렀을 때보다 더 많은 선물들을 보내왔다. 삼사뿐만 아니라 상관부터 하관까지 전원에게 말린

제8회 삼사의 한시 목각

도미를 비롯하여 술과 꿩고기, 떡 등을 선물했다. 접대의 요리도 꿩, 사슴, 멧돼지 등의 육류가 많았고 매우 호화로웠다. 이렇게 환영해준 번주에 대한 답례를 겸해서 삼사는 한시를 지어 사찰에 기증했다(이때의 한시는 후에 목각 편액으로 만들어져 현재 후쿠젠지에 걸려 있다).

저 멀리 널찍하게 보이는 일급 최상의 전망대에

琢渺鰲頭最上臺

여덟 개 창의 발을 하늘을 향해 걷어 올린다

八窓簾箔倚天開

연기는 해변 끝 저 멀리 길게 뻗친 황혼 빛에 반짝인다

煙生極浦斜暉斂

눈은 그치고, 아득한 저 산이 맑아지기 시작한다

雪罷遙山霽色來

이 바다 근처에서, 많은 사람들이 모여 시회(詩會)를 자주 여는 것 같다

海內幾人能此會

멀리 떨어진 이국의 손님은 돌고 돌아 또 여기로 왔다

天涯遠客得重廻

추풍이 상쾌하게 계속 부는 중양지절(重陽之節)에, 고대(高臺)에 올라 풍류를
즐긴다

秋風不盡登高興

지금, 다시 신년 맞이 떡갈나무 술에 취해보자

又醉新年柏葉杯

　　　　　　　　　　　　　　　　　　　　　　　　－ 중양; 음력 9월 9일, 중양절

　또한 대조루의 대부(代父)이자 제10회(1748년) 조선통신사의 정사인 홍
계희도, 통신사로서 일본에 파견된 선배들이 그 경관을 칭송한 도모노우
라를 방문할 수 있게 된 기쁨을, 당(唐)의 시인두보(杜甫)의 「등악양루(登岳
陽樓)」라는 시의 운자(韻字)를 따서 한시로 표현하였다.

　선배는 배를 타고 와서, 저마다 이 누각의 훌륭함을 이야기하며 즐겼다.

　前輩東槎至　人々說此樓

내려다보면 해면(海面)은 아득하게 낮게 보이고, 고목은 다른 나무들과 함께
바다에 뜬 것처럼 보인다.

　海低何所極　樹老興同浮

하늘에는 달이 하나, 나를 손님으로 대접해주고, 마을의 불빛은 정박한 배들을 밝게 비춘다.

弧月留吾客　千燈繫群舟

새벽종이 울려도 사람들은 아직 일어나지 않고, 은하수는 벌써 서쪽으로 기운다.

鐘鳴猶未起　河漢已西流

　당대 제일의 지식인이었던 통신사는, 후에 도모노우라의 통신사 자료의 특징이 되는 많은 한시를 남겨주었다. 높은 지식과 교양을 지녔던 통신사가 옛 시인이 남긴 한시의 운자를 따서, 한시를 지으면, 그것을 토대로 일본의 한학자는, 통신사가 지은 한시의 운자를 따서 시를 읊었다. 당시에는 그러한 한시의 교류가 행해지고 있었다.

　18세기 말, 히로시마 번 소속의 유학자였던 라이 슌수이(賴春水)의 자녀로 태어나 『일본외사(日本外史)』를 저술하고, 역사학자이자 문인으로 유명했던 라이산요(賴山陽)도 몇 번인가 도모노우라를 방문했다. 그는 조태억이 읊은 한시에 맞추어 다음과 같은 시를 읊었다.

　나는 이전에 여기에 대(대조루)가 있다는 말을 들었다.

繰髮曾聞有此臺

　지금 처음으로 내부를 잘 볼 수 있어서 기쁘기 그지없다.

吟眸今喜得初聞

　세 사람 한객(韓客)의 아름다운 붓은 구름을 비추며 걸려 있고,

三韓彩筆暎雲揭

　시코쿠(四國)의 푸른 산은 바다를 건너올 것 같다

四國靑山過海來

조수는 난간을 따라 높이 솟구치고

潮傍欄干高處湧

돛은 수를 놓으며 섬 사이를 유람한다

帆從島嶼猷邊回

여행자들이 순례를 거듭하며 여기에 온 것은 언제쯤 일일까

萍瀘重致知何歲

어쨌든 이 좋은 술로 잔을 들어야 하지 않겠는가.

須對輕漚擧一杯

[라이산요(賴山陽)의 시(詩)에서 대(臺), 래(來), 회(回), 배(杯)의 글자가 조태억의
시와 같이 사용되고 있다. 이것을 운자를 맞춘다고 한다]

　실은 통신사들이 남긴 한시나 한문을 해독하는 것은 힘든 작업이었다.
한자를 정확하게 해독하고, 그것을 현대 일본어로 번역하는 작업은 어려
웠다. 통신사가 사용한 한자가 처음 보는 난해한 한자인데다가, 달필이라
는 것은 흘려서 쓴 초서체이므로 해서(楷書)체의 한자로 정확히 적용시키
지 않으면 의미를 정확하게 알 수가 없다. 또한 번역하는 경우에도 중국의
고전에 대한 지식이 없으면 정확한 번역이 되지 않는다. 이러한 곤란을 극
복하면서 작업을 꾸준히 할 수 있었던 것은, 이케다 가즈히코(池田一彦) 선
생을 중심으로 하는 후쿠야마 시 도모노우라 역사민속자료관 도모노카
이(友の會)·고문서문헌연구회(古文書文獻硏究會)의 선생님들 덕분이었
다. 이러한 여러 선생님의 노고 덕분으로, 우리들은 통신사의 깊고도 질이
높은 문화교류의 모습을 알 수 있다고 생각한다.

유학의 교류

도쿠가와 막부는 무사의 학문으로 유학, 그중에서도 충의나 효행의 중요함을 말하는 주자학(=성리학)을 존중했다. 쇼군이 고명한 유학자로부터 주자학을 왕도의 학문으로서 배울 뿐만 아니라, 막부는 쇼헤이자카(昌平坂) 학문소를 설치하고 막부 신하 자제의 면학 장소로 썼다. 이러한 풍조에 따라 각 번에서도 활발히 유학 강의가 행해졌다.

이미 조선에서는 16세기 중순경에 성리학이 체계화되어 발달하고 있었으므로, 일본의 유학자는 본고장의 학문을 직접 배울 수 있는 절호의 기회라고 여겨 학식 높은 통신사들로부터 많은 것을 배우려고 했다. 그 때문에 통신사는 가는 곳마다 그 지역 유학자뿐 아니라 타 지역에서 며칠 걸려 방문한 유학자에게 둘러싸여 필담으로 교류를 거듭했다.

후쿠야마 번에서도, 번주에게 유학을 강의하는 시강(侍講)뿐만이 아니라 항간의 유학자들과도 교류했다.

에도 전기의 유학자 이토 진사이(伊藤仁齊: 1627~1705)의 자녀 이토 바이우(伊藤梅宇)는 1711년 제8회 통신사가 일본을 방문했을 때, 수오이와쿠니 번(周防岩國藩)에서의 접대역으로서 통신사와 한시의 창화(唱和: 한 사람이 시를 읊으면 나머지 사람들이 따라 읊는 것)를 했는데, 그때 실적을 인정받아 후쿠야마 번의 번유(藩儒: 번에서 고용한 유학자)로서 초대되었다. 그리고 제9회 통신사(1719년)의 접대역 임무를 맡았다. 당시 36세의 바이우는 통신사 서기인 성몽양(成夢良)과 필담으로 대화를 하거나 한시를 읊으면서 교류를 돈독하게 했다.

성몽양은 바이우의 아버지인 진사이를 알고 있었기에, 바이우에게 이렇게 말했다.

"진사이 씨의 이름은 조선에도 잘 알려져 있습니다. 당신은 그분의 자녀이니까 진사이 씨가 쓴 책을 가지고 있겠지요. 나에게 양도해주지 않겠습니까."

바이우는 "그거 영광입니다. 『동자문(童子問)』이라는 책을 양도하겠습니다"라고 대답하고, 책을 기증했다.

그 후 약 30년. 1748년 제10회 통신사의 접대역을 명령받은 사람들 중에 바이우의 자녀, 이토 데루노리(伊藤輝祖)가 있었다. 당시 25세의 젊은이였던 이토 데루노리는 학식 높은 통신사와 의견 교환을 했다. 그때 "30년 전에 저의 아버지 바이우는 조부인 이토 진사이의 저서 『동자문』을 기증했습니다만, 그 다음은 어떻게 되었습니까"라고 물었다. 그러자 사절단의 한 명이 "조선의 학자는 모두 그 책을 읽고, 몹시 칭찬하고 있습니다"라고 대답했다. 그리고 사절단의 제술관이었던 박경행은 데루노리의 아버지 바이우가 성몽양을 응접한 뒤, 바이우라는 호를 하사받은 고사(古事)에 연관하여, 데루노리에게 하대(霞臺)라는 호를 주었다.

후쿠젠지에 묵을 수 없는 것은 유감!

홍계희를 정사로 하는 1748년 제10회 조선통신사의 도모에서의 접대역은, 접대역을 결정한 1747년 당시 후쿠야마 번주 아베 마사요시가 오사카 조다이(城代)를 맡고 있었다. 그래서 우와지마 번(宇和島藩: 에히메 현)이 명을 받고, 아울러 막부의 분고노쿠니(豊後國) 히타(日田: 오이타 현) 대관, 에치젠(越前: 후쿠이 현) 대관이 보좌역으로서 도모에 출장 나왔다. 그러나 실질상의 조지휘자는 분고(豊後) 대관인 오카다 쇼타유였다.

정사·부사·종사관 삼사의 숙박소는 후쿠젠지로 하는 것이 관례였지만, 분고 대관 오카다 쇼타유는 지금까지의 관례를 깨고 삼사의 숙박을 아미타지로 결정했다. 그 이유는, "후쿠젠지는 우물이 없어서 물을 얻기가 힘들고, 절 문전에는 상가가 밀집되어 있어 길도 좁고 동쪽으로 좁은 외길이 있을 뿐인데, 절 뒤는 절벽이라 화재가 발생하면 대피하기가 어렵습니다. 게다가 부산에서 오사카까지 만 리의 파도를 넘어 밤낮으로 배 안에서 고생하신 분들이 후쿠젠지에 묵으면 절벽을 치는 파도 소리로 편안히 잘 수 없을 것입니다. 그런데 아미타지는 화재가 일어난다 해도 물이 풍부하게 있는데다가, 많은 사람이 피신하는 데에도 아무런 지장이 없습니다"라고 했다.

조선통신사 일행이 도모노우라에 도착하자, 접대역은 곧바로 삼사를 가마에 태워 바다에서 멀리 떨어진 산기슭에 있는 아미타지로 안내했다. 그런데 그 사절단 가운데 저번의 통신사 일행에 참가했던 사람이 있어서, 삼사에게 "여기는 후쿠젠지가 아닙니다"라고 했다. 삼사는 접대역에게, 숙소가 후쿠젠지가 아닌 것을 강하게 항의했다. 당황한 접대역은 대답하기 곤란해하다가, 결국은 "후쿠젠지는 요전의 화재로 타버렸으므로, 아미타지로 숙소를 바꾸었습니다"라고 거짓말을 했다. 그러자 삼사는 입을 모아 "후쿠젠지는 일동 제일(日東第一)의 형승(形勝)이라고 들었습니다. 화재로 소실되었다고 하지만, 꼭 절이 있던 곳에 올라가서 일동 제일의 형승을 보고 싶습니다"라고 말하고, 후쿠젠지에 들르려고 했다.

접대역과 사절들이 입씨름을 하고 있으니까, 사절 중 한 명이 후쿠젠지에 올라가서 울타리를 부수고 뜰에 들어가, 절이 타지 않았다는 것을 확인하고 왔다. 삼사는 접대역의 거짓말에 아주 강하게 화를 내며, 준비된 저녁 식사도 하지 않고 아미타지에도 묵지 않은 채 배로 철수해버렸다.

접대역은 어떻게든 삼사의 분노를 가라앉히려고, 마을 관리[官吏]인 에비수야 쇼우에몬(胡屋庄右衛門) 등에게 후쿠젠지에 가서 이방언의 책을 빌려오도록 명했다. 그러나 후쿠젠지에서는 그 제의를 쌀쌀하게 거절했

대조루의 남쪽 창

다. 다음에 사절들의 숙소를 후쿠젠지로 옮기려고 했지만, 이미 후쿠야마 번 무사들의 대기실과 숙소로 사용하고 있었고, 후쿠야마 번의 무사들도 다른 곳으로 옮기는 것을 거부했다.

결국 사태 수습은 잘 되지 않고, 정사들은 그대로 배에 머물다가 이튿날 아침 우시마도로 출항했다.

그러나 그들의 귀로에서는 조금 지쳐는 있었지만 대조루에 머물면서 일동 제일의 형승을 즐겼다. 그리고 그때 홍계희가 '대조루(對潮樓)'라고 하는, 역사에 남을 이름을 붙였다.

4. 통신사를 맞이한 도모노우라의 사람들

도모의 사찰을 총동원

조선통신사 일행은 매회 400명에서 500명에 달하는 많은 인원으로 편성된 대(大)사절단이었다. 이 인원수에다가 총무역, 안내역으로서 수행하고 있는 쓰시마 번의 일행 약 500명과 접대역으로서 조카마치에서 출장 나온 후쿠야마 번 무사 1,000명 남짓의 인원이 추가되었기 때문에, 통신사가 왔을 때 도모 마을에는 평소보다 2,000명이나 많은 사람이 있었다. 그래서 이 사람들을 묵게 할 숙소와 식사의 준비가 특히 힘들었다. 후쿠야마 번에서는 숙사로서 도모노우라에 있는 28개의 모든 절을 총동원해도 다 수용할 수 없어서, 선박 운송업을 하는 집, 도매상, 술을 빚어 팔고 있는 마을 내의 주요 상가를 모두 숙박소로 제공하도록 했다.

통신사의 주된 인물인 정사·부사·종사관의 숙소로는, 바다로부터 바로 솟아 오른 절벽 위에 세워진 후쿠젠지가 담당하는 것이 관례였다. 후쿠야마 번에서는 17세기 말경, 후쿠젠지에 통신사 접대를 위한 영빈관을 새로이 만들었다(그 영빈관이 나중에 대조루라고 이름 지어졌다).

그 외의 통신사 일행의 숙소도 거의 사원이 맡았다. 쓰시마 번 무사나 접대 측인 후쿠야마 번 무사의 숙박은 대부분 상가(商家)로 충당되었다. 이러한 절이나 상가에는 신분이나 역할에 따라 3명에서 5명씩 나뉘어 숙박했다.

에도 시대 후쿠야마 지역의 역사나 지리를 기록한 역사 연구의 사료로서, 18세기 후반에 후쿠야마 번 무사가 기록하여 남긴 『비요로쿠군시(備陽六郡志)』라는 것이 있다. 그 사료에는 1764년 1월에 도모노우라에 온 제11회 통신사 일행 477명과 동행한 쓰시마 번의 무사 약 600명, 거기에다 접대역으로서 분고노쿠니(豊後國: 오이타 현의 북부를 제외한 대부분의 지역) 다케다 번(竹田藩)에서 파견된 사람들의 숙사의 배치에 대해 상세하게 기록되어 있다. 그것에 의하면 숙소로 할당된 사찰은 28개 중 18개이고, 전망이 좋은 장소에 있는 절이 지정되었다. 그와 반대로 항구에서 멀리 떨어져 있거나 높은 곳에 있는 절은 제외되었다. 그 대신에 해운업자, 선박운송업을 하는 집, 술을 빚어 판매하는 집, 식초를 만들어 파는 가게 등의 큰 상인의 집뿐만 아니라, 의사와 목수, 신사(神社)의 신관[宮司: 신사의 우두머리인 신관]의 집도 숙소로 지정되었고, 그 수는 80가구에 달했다. 이러한 숙소 지정에는 마치카타(町方: 장사꾼이나 상인들을 일컫는 말)라고 불리는 마을의 대표자가 적극적으로 협력했다.

또한 통신사 일행의 식사에는 평소 밥상에서는 볼 수 없는 맛있는 음식이 준비되었다. 특히 통신사들이 좋아한다고 알려진 멧돼지나 사슴고기, 꿩이나 오리 등은 평소에는 쉽게 잡을 수 없었기 때문에, 후쿠야마 번은 여러 마을에 통고를 해서 생포하도록 명령했다. 제8회 통신사 접대 때에

흰색 창고가 늘어서 있던 도모 마을

는 31마리의 꿩을 준비했다고 기록되어 있다.

상인들의 기록

무사계급으로서의 후쿠야마 번이 아닌, 상인이 통신사에 대한 기록을
남겼다는 사실이 도모노우라의 큰 특징이다. 도모노우라는 번창하는 항
구 도시였으므로 상인들이 많았다. 그중에 나카무라가(中村家) 상인이 일
기로 기록한 것(나카무라가 일기: 후쿠야마 시 중요문화재 지정)이 있어, 마
을 사람들이 통신사의 접대에 어떻게 관계했는지를 알 수 있다.

나카무라가는 나카무라 기치베(中村吉兵衛)라는 사람이 17세기 중반 경
에 의사인 아버지로부터 전해진 처방을 근거로 호메이슈(保命酒)라고 하
는 한방 약주의 제조에 성공하여, 이후 후쿠야마 번의 공식 명주가게로서
제조판매를 독점하여 부를 쌓았다. 그때의 주인이 대대로 기록을 일기처
럼 써왔다.

나카무라가 일기에 통신사에 관한 글이 처음으로 기록되어 있는 것은
1711년의 제8회 통신사이다. 거기에는 "도모노우라의 7개 마을로부터 슈
쿠로(宿老: 무가 시대의 로주·가로 따위의 고관) 등 3역(役)이 각각 7명씩 합
계 21명이 매일 마을 회의장에 대기하면서, 통신사가 도착하여 출발하기
까지 후쿠야마 번 관리의 지시에 따라 용무를 마쳤다"라고 적혀 있다. 또
한 1748년 제10회 통신사 접대 때에는 숙소뿐만이 아니라 선착장이나 번
소(番所: 파수꾼의 초소)의 관리를 상인이 분담한 것, 그리고 다음해에 후쿠
야마 번으로부터 슈쿠로(宿老) 등의 14명에게 합계 3냥과 약간의 사례금
이 지불된 것도 기록되어 있다.

그리고 상인의 기록으로서 또 하나, 『조선인 대 행렬기(朝鮮人大行列
記)』라는 고문서가 있다. 이를 쓴 것은 훨씬 뒤라고 생각되지만, 내용으로

보면 1748년, 제10회 통신사의 모습에 대한 것이다. 필자는 알 수 없으나 글의 서법으로 보아 무사가 쓴 것 같지는 않으므로, 슈쿠로나 초다이(町代: 마을의 대표자)로 추정된다.

내용은 첫 번째로, 선착장에서 삼사의 숙소인 아미타지까지의 행렬모습이, 전도벽제(前導辟除) 30명에서부터 순서로 기록되어 있다. 그중에서 '도훈도(都訓導)'에 '도친(とうちん)'이라고 후리가나가 붙여져 있다. '도쿤도(とくんどう)'라고 하는 일본어 읽기와 다른 말이 붙여져 있는 것이 이상하게 생각된다. 두 번째는, 조선국에서 에도까지의 행정(行程)이 기록되어 있다. 세 번째는 '온야도오보에(御宿覺)'로, 누가 어느 숙소에 배정된 것인가를 적어놓은 것이다. 삼사의 숙소가 아미타지인 것이 특징이다. 그리고 마지막으로, 이와 같은 일본어와 조선어의 대역이 기록되어 있다.

- 타바코(多葉粉: 담배)를 엔쓰(えんつ: 연초)라고 한다
- 떡[餅]을 힝(ひん: 병)이라고 한다
- 술[酒]을 추(ちう: 주)라고 한다
- 과자(菓子)를 과시(くわし: 과자)라고 한다
- 더운 물[湯]을 후리(ふり)라고 한다
- 불[火]을 부리(ぶり)라고 한다
- 물[水]을 와토로(わあとろ)라고 한다
- 예쁜(きれいな)을 치센(ちせん)라고 한다
- 미녀(美女)를 호시용(ほしよん)라고 한다

도모노마치의 주민이나 후쿠야마 번무사는 통신사 일행과 어떻게든 대화하기 위해, 음식과 마실 것 등 27개의 일본어에 대응하는 조선어를 기

록하여 조선어와 일본어의 발음대의집(發音對意集)을 만들었다. 이것은 분명히 귀로 들은 조선어의 발음을 기록하여 만든 것이다.

실제로, 담배는 조선어로 '욘초(ヨンチョ: 연초)', 떡은 '뼁(ピン: 병)', 술은 '추(チュウ: 주)' 라고 하므로, 이 단어들에 대해서는 어떻게든 통한 것이 아닌가 하고 생각된다. 그러나 '예쁜(きれいな)을 치센(ちせん)' 이라고 한 것에서는 통하지 않았다고 본다. 그리고 '물은 와토로(わあとろ)' 라고 하는 것도 통하지 않는 말인데, 영어로 하면 워터(ウワタ)이므로 통한다고 할 수도 있다. 통신사가 아닌 외국인, 즉 나가사키의 네덜란드 상관장(商館長)도 에도 왕복 때에 도모에 들렀다. 그때 들었던 네덜란드어를 조선어 속에 섞어 넣은 것이 아닌가 생각된다.

정확한 대역이 아니라고 하여도, 이와 같은 회화집이 만들어져 있었다는 것에서 도모노우라의 사람들이 조선통신사 사람들과 깊은 교류를 하려고 했다는 점을 느낄 수 있다.

호메이슈

도모노우라의 특산품으로서 가장 잘 알려진 선물인 호메이슈(保命酒)를, 라이산요(賴山陽)는 "맛이 좋으며 지나치게 달지 않고, 청류와 같이 맑아서 막히는 데가 없다" 라는 찬사를 하면서 즐겨 마셨다. 호메이슈는 찹쌀을 주원료로 한 소주 형태의 한방 약주로, 지황(地黃) · 육계(肉桂) · 맥문동(麥門冬) 등 16종류의 한방 성분이 배합되어 있다. 그리고 이들 한방약의 조제는 절대 공개되지 않고 비밀리에 전수되어 계속 이어져 왔다.

통신사들이 도모노우라에서 마신 술은, 처음에는 미하라(三原: 히로시마 현의 시)에서 가져온 니혼슈(정종)가 중심이었다. 그 후 호메이슈를 제조하게 되자 이 술도 통신사에게 제공되어, 즐겨 마시게 되었다. 이 호메

▲ 한시(漢詩)가 있는 호메이슈 호리병

▶ 오타가 주택. 옛 나카무라가 호메이슈를
만들고 있었다.

이슈는 17세기 중반경 나카무라 기치베(中村吉兵衛)라는 상인이 고안해서 제조가 시작되었다. 그 후 좋은 맛과 약효로 전국에 알려지게 되고, 후쿠야마 번의 주요 산업으로 성장했다. 나카무라가는 후쿠야마 번으로부터 제조판매권의 독점을 허가받아, 도모노우라에서 제일 부유한 상인으로 성장했다. 그리고 후쿠야마 번은 호메이슈를 막부에 바치는 헌상품으로 했고, 전국의 다이묘들 사이에서는 증답품(贈答品)으로 이용되어, 호메이슈는 고급 술로서의 평판을 얻었다.

또한 약주인 호메이슈는 보통의 니혼슈와는 달리 장기간 보존이 가능하다. 그 점을 감안하여 사람들이 눈으로도 보고 즐길 수 있도록 예술적인 호리병에 넣어서 판매했다. 그 고장에서 구운 도자기 호리병 중에는 통신사가 읊은 한시를 새긴 것도 있었다.

번영을 자랑하던 나카무라가였지만, 메이지 시대에 접어들어 제조판매의 독점이 취소되자 경영이 곤란해져, 결국 집과 그 대지는 다른 상인 오타가(太田家)로 양도했고, 그 건물들은 그대로 남아 현재에 이르고 있다.

1991년에 이들 건물은 나라의 중요문화재 지정을 받아, 6년에 걸친 수리공사가 행해지고, 요메이슈(養命酒) 제조나 술 창고 등의 모습이 완전히 복구되어, 에도 시대 말기의 저택 구조로서는 가장 충실한 '오타가(太田家) 주택' 으로서 공개되고 있다.

5. 역사의 장 도모노우라의 보존과 개발

대조루의 수리

후쿠젠지를 비롯하여, 도모노우라에 있는 국가나 히로시마 현 또는 후쿠야마 시가 지정한 문화재는 40건 정도가 있다.

그러나 현행 법률로는 지정을 받았다고 해서 국가가 일상의 유지 · 관리에 필요한 비용을 전부 조달해주는 것은 아니다. 수리가 필요할 때에 신청하면 그 비용의 어느 정도를 보조해주는 구조로 되어 있다.

대조루는 17세기말에 세워져서 반세기가 지난, 제10회 통신사가 방문한 때에는 안내담당 공무원이 "황폐한 상태입니다만……"이라고 말하는 걸로 보아, 상당히 손상되어 있었던 것 같다. 그 뒤로도 수리다운 수리는 되지 않은 채였다.

1980년경부터 전국적으로 조선통신사의 역사가 다시 인식되게 되었다. 당연히 후쿠젠지 대조루도 각광을 받게 되었지만, 건축 후 300년이 지난 건물이므로 노후화가 심하게 진행된 상태였다. 흰개미의 피해도 크고, 해체해서 하는 본격적 수리가 당장 필요한 상태까지 되어 있었다. 그래서 1990년에 2개년 계획으로 해체 수리를 하게 되었다.

비용 1억 엔의 조달이 가장 큰 문제였다. 수리 비용이기 때문에 행정적인 보조가 기대되었으나, 당시 이를 문화재로 지정하고 있던 히로시마 현과 후쿠야마 시는 규정에 따라 7,500만 엔까지만 부담했다. 남은 2,500만 엔에 대해서는 후쿠젠지 측의 자기부담으로 하는 것으로 되었다. 그러나 후쿠젠지가 역사에 남는 유명한 사찰이라 해도 사찰의 재정을 지원해주는 단가(檀家: 일정한 사찰에 소속하면서 재정을 지원해주는 집)는 4채밖에 없었다. 행정으로부터의 보조가 있어도, 후쿠젠지가 2,500만 엔의 자기부담분을 준비할 수 없게 되면 해체 수리 공사는 그림의 떡이 되어버릴 상황이었다.

'후쿠젠지가 자금 부족으로 해체 수리 공사에 착수할 수 없을 것 같다'는 말을 들은 도모노우라의 주민들은 '해체재건을 지원하는 모임'을 조직하여 모금활동을 시작했다. 모금활동은 금방 널리 퍼졌다. 개인, 단체, 시내(市內)뿐 아니라 전국 각지에서 성금이 모였다. 게다가 재일본 대한민국 민단(民團)으로부터 대단히 많은 원조가 있어서, 지원하는 모임이 예상하고 있던 것보다 일찍 많은 액수의 성금이 모였다.

이러한 많은 사람들의 선의에 의해 대조루의 해체 수리는 예정보다 빠르게 1년 3개월이 걸렸고, 1992년 4월에 완공식이 행해졌다..

완공식에는 그 고장뿐만 아니라 현(縣), 후쿠야마 시의 행정관계자, 그리고 대한민국 총영사도 참석하여 성대하게 이루어졌다. 박문규 총영사

【対潮楼の改修完成式を伝える新聞】
（１９９２年４月６日：朝日新聞）

대조루의 개수완성식을 전하는
신문
≪아사히신문≫, 1992년 4월
6일자

는 통신사 접대의 진문역(眞文役: 한문의 외교문서를 해독하거나 작문을 하
는 사람)으로서 일본과 조선의 우호관계를 구축한 아메노모리 호슈의 말
을 인용하여, 한일 양국의 상호이해와 친선을 당부했다.

　이번의 후쿠젠지 해체수리사업은, 유서 있는 역사 유산의 보존이라는
의미를 넘어서서 통신사에 의해 전개된 우호 친선의 역사를 이해하는 것

으로, 일본인 속에 있는 메이지 시대부터의 조선멸시의식을 불식하는 계기가 되었다는 점, 그리고 일본뿐만이 아니라 재일 한국인을 중심으로 한국에서도 많은 지원이 이루어져서 공통의 역사 유산으로서 소중하게 여기자는 움직임을 만들어냈다고 하는 점에서도 매우 깊은 의미를 가진 사업이라고 할 수 있다.

매립 – 가교(架橋) 문제로 흔들리는 도모노우라

한 사람의 관광객으로서 도모의 시내를 걷고 있으면, '길에 아름답게 돌이 깔려 있어 산책하면 기분이 좋다', '안내지도가 여기저기 있어서 편리하다', '어린이의 모습을 볼 기회가 적다', '빈 집이 몇 개인가 있다'는 생각과 함께 '길이 좁아서 보행 중에 자동차가 오면 위험하다'는 등의 생각이 든다.

인구 1만 8,000명을 수용하고 있는, 도모 마을을 중심으로 하는 누마쿠마 군(沼隈郡) 도모초(鞆町)가 후쿠야마 시와 합병된 것은 1956년이었다. 합병할 때 후쿠야마 시는 도모노우라를 시(市) 제일의 관광 자원으로 생각하고 있었는데, 당시는 고도성장경제가 시작된 시기로 철강단지와 같은 산업개발이 정책의 중심이 되어 있었다. 해안을 매립하여 조성된 토지에 새로이 세워진 공장은 1960년대 전반부터 조업을 시작하여, 공업단지의 신철(伸鐵) 생산은 급속히 신장되어갔다. 그러나 1973년 오일쇼크 이후 생산에 그늘이 지기 시작하고 종업원의 수는 반으로 줄었다. 젊은 사람들이 어업이나 신철 관계의 일을 떠나 후쿠야마에서 생활하게 되었다.

'도미잡이용 선망(旋網)' 이외에 도모 마을에서 거의 손을 대지 않고 있던 관광개발은, 후쿠야마 시가 되어도 좀처럼 진전이 없었다. 그러나 가까스로 1988년에 '도모노우라 역사민속자료관'이 후쿠야마 시에 의해 건설되어 개관했다. 이어서 다음해 1989년 여름 <'89 바다와 섬의 박람회, 히로 시마>가 히로시마 현 주최로 개최되어, 도모노우라는 중요한 회의장의 하나가 되었다. 이 박람회 개최를 계기로 가까스로 절이나 항구 관계의 시설, 사찰순례의 산책도로가 관광자원으로서 인식되고 정비되었다.

그러나 기본적인 산업인 어업과 철공업의 쇠퇴는 계속되어, 현재는 인구가 1만 명까지 감소했다.

한편 자동차의 보급과 함께 좁은 도모 시내에도 자동차가 넘치게 되었다. 이웃인 누마쿠마 마을에서 도모를 지나 후쿠야마로 가는 자동차도 많이 통과하게 되었다. 마을의 중앙을 동서로 빠져나가는 800m 남짓한 현도(縣道)는 자동차의 이합이 곤란할 정도로 좁은 길이었기 때문에 언제나 정체가 심했다.

도모노우라 활성화와 도로문제 해결의 방법으로, 1983년에 '도모 항 일부의 매립·가교' 안(案)이 히로시마 현에 의해 발안되어 후쿠야마 시에 제시되고, 후쿠야마 시는 이 계획에 따라 도모의 재생을 꾀하려고 했다. 이 계획은 당연히 마을 사람들을 찬성·반대로 양분했다. 도로 건설이 가져다 줄 편리함, 쾌적함, 산업진흥 등이 도모의 어린이들을 마을에 머물게 한다는 찬성파와 그 어느 것과도 바꾸기 힘든 많은 역사유산과 도모노우라를 지탱해온 경관을 훼손하고 장래에 화근을 남긴다는 반대파, 양자의 대립은 지금도 계속되고 있다.

매립·가교 계획은 도모 마을을 장래에 어떤 마을로 만들 것인가, 사람들의 생활을 어떻게 유지할 것인가라는 질문에서 나왔다. 그 질문을 돌이켜본다면, 도모노우라는 세계유산으로 등록되어도 손색이 없을 만큼 많은 역사유산과 문화와 경관이 뛰어난 항구도시로, 에도 시대에 일본과 조선의 우호친선 교류가 전개되었다는 점에 입각하여 마을의 미래상을 연

태자전에서 바라본 도모노우라의 전경 중앙이 센스이지마(仙醉島)

구해야 하지 않겠는가 하고 생각한다.

　도모노우라의 서쪽 산 중턱에 세워져 있는 이오지(醫王寺)에서부터 콘크리트 블록을 깔아서 만든 돌계단을 510단 정도 오르면 작은 사당이 있는 곳에 도착하게 된다. 태자전(太子殿)이라고 이름 붙여진 그 사당 앞에서는 눈 아래로 도모노우라를 조망할 수 있다. 옛날부터 세토나이카이의 중요한 항구로서 귀중한 역사를 새겨온 도모노우라가 지금도 그 아름다움을 보여주고 있다. 태자전까지 올라 다시금 경관과 문화의 보존을 우선으로 한 계획이 세워져야 한다고 느꼈다.

참고문헌

- 古文書・文獻調査記錄集. 『朝鮮通信使と福山藩・鞆の津 1・2』. 福山市歷史民俗資料館友の會編集.
- 「正德度・享保度 朝鮮通信使と福山藩・町方の記錄」. 福山市歷史民俗資料館.
- 辛基秀. 『朝鮮通信使往來』. 勞働經濟社.
- 姜在彦. 『朝鮮通信使が見た日本』. 明石書店.
- 『鞆の浦今昔』. 山陽新聞社編.
- 『福山市史』. 福山市史編纂會.

제6장

통신사의 보물창고, 오카야마 현의 우시마도

한태문

우시마도는 오카야마 번의 통신사 정식 숙박지였다.
일찍이 쓰시마 정벌 후 일본에 파견된 회례사와
1596년 명나라 책봉사와 함께 파견된 통신사가 정박하기도 했고,
임진왜란 후 행해진 12차례 통신사 중
무려 11차례나 정박 또는 숙박을 했던 지역이다.

통신사의 보물창고,

오카야마 현의 우시마도

1. 오카야마의 우시마도를 향하여

8월 3일 아침, 사흘째 일정은 어제와 다름없이 일본 특유의 습기를 머금은 폭염과 함께 시작되었다. 오늘은 이번 답사 가운데 일정이 가장 빡빡한 날이다. 아이노시마(藍島)와 히로시마 평화공원에 그쳤던 어제 일정과 달리, 오늘은 통신사가 직접 머물렀던 기항지인 시모노세키(下關, 옛 赤間關)와 시모카마가리(下蒲刈), 그리고 우시마도를 들러야 하기 때문이다. 통신사가 기항했던 주요 7개 항구도시 중 무려 3곳을, 그것도 야마구치(山口) · 히로시마(廣島) · 오카야마(岡山) 등 3개 현을 거쳐야 하는 장거리 여행이다.

시모카마가리의 소토엔(松濤園)과 간쇼엔(觀松園), 그리고 시모노세키의 아카마진구(赤間神宮: 아카마 신궁)와 조후(長府) 박물관을 거쳐 오카야마 현으로 접어든다. 오카야마 현은 통신사가 정박했던 시모즈이(下津井), 히비(日比), 우시마도(牛窓) 등의 항구도시를 포괄하는 지역이다. 시모즈이는 통신사가 음용수(飮用水)를 공급받았던 지역이고, 히비는 긴급피난 항으로 민간 화가가 망원경을 통해 바둑판과 씨름 등을 세밀하게 묘사한

오카야마 역 앞의 모모타로 동상

<조선인내조각비전어치주선행렬(朝鮮人來朝覺備前御馳走船行列)> 그림
이 발견된 지역이다. 그리고 우시마도는 오카야마 번의 통신사 정식 숙박
지였다. 하지만 오카야마는 일반인에겐 복숭아에서 태어난 아기가 주민
들을 못살게 구는 악귀(惡鬼)를 개·원숭이·꿩의 도움으로 물리치고 행복
하게 살았다는 '모모타로(桃太郎) 이야기'로 더 유명한 고장이다.

차창 밖으로 '동양의 에게 해, 우시마도'라는 안내 표지판이 보인다. 우
시마도는 오카야마 현 동북부에 위치한 총면적 27.5㎢, 길이 7.5㎢, 인구
7,600여 명의 작은 항구도시이다. 옛날 응신천황(應神天皇)이 이 바다 앞을
지나다가 요사스런 짓을 하는 소를 만나자 힘이 장사였던 신하가 쇠뿔을
뽑아 던졌다는 이야기에서 우시마도란 이름이 생겼다고 한다.

우시마도는 최근 오쿠(邑久)·오사후네(長船) 등과 함께 병합하여 세토우치(瀬戸内) 시가 되었는데, 에도 시대에는 도카이도(東海道) 오키즈(興津)의 세이켄지(清見寺)와 함께 막부 지정의 해역(海驛)이 되어 비젠한(備前藩)의 관문으로 번창했던 곳이다. 일찍이 쓰시마 정벌 후 일본에 파견된 회례사(回禮使)와 1596년 명나라 책봉사(冊封使)와 함께 파견된 통신사가 정박하기도 했고, 임진왜란 후 행해진 12차례 통신사 중 무려 11차례나 정박 또는 숙박을 했던 지역이다.

예정시간을 30분 정도 넘긴 오후 4시 30분쯤, 일행을 실은 버스는 가이유분카칸(海遊文化館) 앞에 도착했다. 산요(山陽) 방송국의 촬영 팀과 세토우치 시의 교육위원회 인사들이 모여 있다. 버스에서 내리니 와카마쓰 다가시(若松擧史) 주임이 반갑게 다가와 악수를 청한다. 그는 우시마도 지역 내에서 통신사와 관련된 업무를 맡아보는 공무원으로, 2년 전 나에게 오카야마 시민들을 상대로 <조선통신사와 우시마도>라는 강연을 주선하기도 했다. 그는 젊은데다 미소 띤 얼굴로 자상하게 설명도 잘해서 외부인이 방문하면 <조선통신사와 우시마도>에 대한 해설은 거의 도맡다시피 하고 있다.

와카마쓰 씨는 개방시간이 정해진 혼렌지(本蓮寺)를 먼저 답사하기를 권했다. 우리 일행은 가이유분카칸 뒤 좁은 골목을 지나 사행록에서 "좌우의 인가가 수백여 호나 되고 구경하는 남녀들이 담같이 에워싸고 있다"고 묘사되던 혼렌지 앞 큰 골목길로 들어섰다. 돗자리가 깔려 있고 좌우에 장막이 드리워져 걸음마다 등불이 걸려 있었던 예전의 화려함은 사라지고 지금은 너무도 한적한 골목이 되었다. 그런 분위기 탓일까. 우리 역시 '입정안국(立正安國)', '왕불명합(王佛冥合)'이라는 글귀가 새겨진 두 개의 돌기둥을 지나 400년 전 통신사가 머물렀던 혼렌지의 정문 계단을 묵

혼렌지 정문 입구

묵히 오르기 시작했다.

2. 통신사의 초기 숙박지, 혼렌지

혼렌지는 주고쿠(中國)·시코쿠(四國)·규슈(九州) 지방 가운데 가장 오래된 교토(京都)의 법화종인 혼노지(本能寺)에 소속된 사찰이다. 남북조시대였던 1347년 교토로부터 다이가쿠(大覺) 대승정이 일본 서쪽 지방의 포교차 우시마도에 들렀다가 당시 호족이었던 이시하라 사도노카미(石原佐渡守)의 지원하에 창건되었다고 전해진다. 이후 1438년 육방(六坊)과 서원 및 주지의 방을 건립했는데, 1458년 니치류(日隆) 상인으로부터 '혼렌지'라는 사찰명을 수여받아 오늘에까지 이르고 있다. 절의 안내 팸플릿에는 1981년 7월 5일에 히로노미야 노리히토(浩宮) 왕자도 학업을 위해 이 절을 방문한 적이 있다고 적혀 있다.

혼렌지와 통신사와의 인연은 3차(1624년) 통신사로부터 시작된다. 2차(1617년) 통신사행을 기록한 이경직(李景稷)은 『부상록(扶桑錄)』에서 우시마도는 접대하는 곳이 아니라 하여 바로 다음 행선지로 향했다고 기록하고 있다. 따라서 혼렌지에 숙박을 시작한 3차 통신사행부터 어느 정도 접대 장소로서의 규모를 갖춘 것 같다. 이후 혼렌지는 4차(1636년)·5차(1643년)·6차(1655년) 통신사행의 객관으로 사용되었다. 7차(1682년) 통신사행부터 오차야(御茶屋)로 숙박지가 변경된 후에도 혼렌지는 꾸준히 사행원들의 관광코스이자 시문창화의 대상이 되었다. 그런 이유로 1992년에는 히로시마 현의 후쿠젠지(福禪寺), 시즈오카 현의 세이켄지(淸見寺)와 함께 '조선통신사 유적'으로서 국가 중요사적에 지정되기도 했다.

옛날 조선통신사가 머물렀던 객전을 들어서니 주지 내외가 인사를 하면서 찬 음료수 팩을 권한다. 다른 답사 지역에서는 느껴보지 못한 따스한 대접에 가슴이 뭉클해지면서, 문득 4차(1636년) 통신사행의 기록이 떠오른다.

절이 매우 깨끗하고 아름다웠다. 음식을 올릴 때에 작은 동자 수십 명이 모두 훌륭한 옷차림으로 옷자락을 끌며 나아가고 물러나는데, 정숙하고 조심하여 감히 숨소리도 내지 않았다. 앞에 가득한 금쟁반과 방 가득 금병풍이 촛불 아래에 찬란히 빛나니, 다른 곳에 견줄 바가 아니다.

－황호, 『동사록』, 11월 6일

혼렌지 객전 내부

당시 사행원들이 받은 감동도 아마 지금의 우리와 별반 다를 바 없었으리라. 불단이 놓여 있는 본당을 거쳐 알현실로 접어드니 마룻바닥과 천장이 예사롭지 않다. 마룻바닥은 길이 4.5m, 폭 1.36m, 두께 10㎝의 느티나무 거목을 한 장 판으로 잘라 만든 바닥재인데 전국적으로도 드문 것이라 한다. 그리고 천정은 야쿠(屋久) 삼나무를 사용하여 만든 것으로 나뭇결이 마룻바닥과 묘한 조화를 이룬다. 이윽고 자리에 앉으니 정면에 '경왕산(經王山)' 이라는 족자가 눈에 들어온다. 이 지역을 관장하던 이케다(池田) 한슈(藩主, 번주)의 작품으로 강한 남성의 필체를 유감없이 발산하고 있다. 족자 왼쪽에는 한눈에 보아도 조선의 작품으로 여겨지는 조선 청자 화병 네 점과 청자 연병(硯屛) 한 점이 전시되어 있다. 통신사가 주지에게 선

216

물로 준 것으로 오랜 세월 창고에 묵혀 있다가 신기수(辛基秀) 선생에 의해 발견되어 오늘날 전시되고 있는 것이라 한다.

왼쪽 벽과 오른쪽 벽은 9개의 한시 족자로 채워져 있는데, 모두 통신사의 작품이다. 면면을 살펴보니 5차(1643년) 통신사행의 종사관 신유(申濡)의 <過客爲妙上人題>·<槎客爲住上人題>와 제술관 박안기(朴安期)의 <螺山翁題本蓮寺>, 6차(1655년) 통신사행의 정사 조형(趙珩)의 <星槎泊秋渚>와 부사 유창(俞瑒)의 <蕭寺停歸棹>, 8차(1711년) 통신사행의 부사 임수간(任守幹)의 <牛星尋漢渚>와 종사관 이방언(李邦彦)의 <蘭若知何處>, 제술관 이현(李礥)의 <斷山臨極浦>, 서기 남성중(南聖重)의 <本蓮寺泣次遺韻> 등이다. 대부분의 시가 차운(次韻)의 형식을 취하고 있는데 한결같이 '林'·'音'·'心'·'襟'을 운자(韻字)로 삼고 있다. 아마도 혼렌지에 머문 사행원이 남긴 시를 혼렌지의 주지가 뒤에 방문한 사행원들에게 보이면서 차운시를 요구한 결과물일 것이다. 이는 시모노세키의 아카마진구(赤間神宮)를 방문한 사행원들이 주지의 요청에 의해 사명대사의 시에 차운을 요청받은 것과 같은 이치이리라. 그중에서 남성중의 시가 시선을 끈다. 시의 제목이 <혼렌지에서 울면서 남기신 운에 차운하다(本蓮寺泣遺韻)>라고 되어 있다. 누가 남긴 시이기에 그는 울면서 차운시를 남겼을까?

통신사는 청(淸)에 파견되었던 '연행사(燕行使)'와 달리 정기적인 사행이 아니었다. 사행과 사행 사이의 간격이 짧게는 7년에서 길게는 48년이나 된다. 그러다 보니 사행원 중에는 운이 좋으면 일본 땅에서 선조의 발자취를 더듬을 수도 있었다. 남성중이 혼렌지에서 접한 것은 다름 아닌 6차(1655년) 통신사행의 종사관이었던 아비 남용익(南龍翼)의 시문이었던 것이다.

남용익은 조선왕조 개국공신 남재(南在)의 후손으로 19세 때 진사에 급
제하여 벼슬길에 올라 28세 때 제6차 통신사행에 종사관으로 참여했던 인
물이다. 그는 통신사행의 체험을 담은 『부상록』을 저술했을 뿐만 아니라,
39세 때인 1666년 중국 연행사(燕行使)행에 부사로 참여한 뒤 최초의 사행
가사인 <장유가(壯遊歌)>를 남기기도 했다. 특히 그는 통신사행에서 빈
번히 벌어진 시문창화의 자리에서 약명체(藥名體, 각 시구마다 약 이름을
하나씩 지어 넣어 짓는 것)·옥련환체(玉蓮環體, 앞 시구의 끝 자 아랫부분을
떼어 다음 시구의 첫 자로 활용하여 짓는 것)·첩자체(疊字體, 각 시구마다
글자를 중첩해서 짓는 것)·수명체(數名體, 시구마다 숫자를 순서대로 배열
하여 짓는 것)·일구이국명체(一句二國名體, 한 시구마다 두 나라의 이름을
넣어 짓는 것) 등 다양한 시체(詩體)를 활용하여 문학적 재능을 마음껏 뽐
낸 빼어난 문인이었다.

남용익이 당시 우시마도에 도착하여 머문 숙소는 혼렌지였다. 그는 혼
렌지에 대한 느낌을 "절이 막혀 자못 답답했다"고 적고 있다. 아마도 수목
이 너무 울창하여 앞의 바다를 가렸으리라. 그런데 객관에 머문 당일, 남
용익의 답답한 심경을 읽어낼 리 없는 혼렌지의 주지는 통신사가 도착하
면 으레 행하던 것처럼 "최근에 녹나무가 변하여 돌이 되었다"며 먼저 시
를 지어 남용익에게 바쳤고, 그는 다음과 같이 차운시를 남긴다.

이 땅의 녹나무가 돌로 변하니	此地楠爲石
하늘 가득 대나무로 숲을 이루었네	諸天竹作林
잠시 우시마도의 절에 머물며	暫投牛渚寺
애오라지 역관을 통해 이야기를 나눈다	聊借象胥音
보배 바리때에는 꽃 그림자가 떠 있고	寶鉢浮花影

서리 내린 밤 종소리 손의 마음을 맑게 하니　霜鍾洗客心

봉래산 머지않은 줄 알아　　　　　　　蓬山知不遠

달을 마주하여 한껏 옷깃을 헤친다　　　　對月一披襟

　　　　　－<혼렌지에서 승려의 시에 차운하다(本蓮寺次僧軸韻)>

　남용익은 슬하에 정실에게서 1남 6녀를, 측실에게서 3남 2녀를 두었다. 남성중은 측실소생 아들 중 둘째로 당시 서얼이나 여항인들이 주로 맡았던 종사관 서기를 맡아 사행에 참여했는데, 우연히 혼렌지에 들러 아비의 필적을 접한 것이다. 우연이라고 할 수밖에 없는 것은 아비가 머물렀던 6차(1655년) 통신사행 이후 7차(1682년) 통신사행부터 우시마도의 객관은 혼렌지가 아니라 오차야(御茶屋)로 바뀌었기 때문이다. 그로부터 무려 56년이 흐른 뒤, 머무는 기간이 단 하루였음에도 불구하고 혼렌지에서 28세의 아비가 남긴 흔적을 47세가 된 아들이 발견했으니 그 감회가 어찌 예사로웠을까? 게다가 그 아비는 자식 사랑이 유달랐던 것으로 소문이 난데다 세상을 떠난 지가 어언 20년이나 지나지 않았는가!

　남성중은 아비의 따스한 온정을 그리며 아비가 남긴 '林·音·心·襟'의 운자를 사용하여 다음과 같은 차운시를 남긴다.

이국에서 아비의 발자취 찾으니　　　　異邦訪先躅

남긴 흔적이 또 절에 남아 있어　　　　遺唾又祇林

매양 어루만지며 가슴이 미어지니　　　每觸傷情物

아비의 음성 귀에 들리는 듯하네　　　如聞在耳音

슬피 읊조리며 손에서 놓지 못하니　　悲吟未釋手

다시 무슨 마음으로 이어 화답할까　　續和更何心

신선 산에서의 울음 다하지 못해 　　　　不盡鰲山漣

흘러 흘러 다시 가슴 가득 채우네 　　　　漣漣復滿襟

　　　－<혼렌지에서 울면서 남기신 운에 차운하다(本蓮寺泣遺韻)>

　먼 이국땅에서 아비의 필적을 발견한 자식의 애틋한 마음이 절절히 묻어난다. 이들 부자의 시문 가운데 오늘날 혼렌지에는 아들 남성중의 시만 남아 있다. 아비 남용익의 시문은 그의 사행록인 『부상록』에서 그 흔적을 찾을 수 있을 뿐이다. 다만 혼렌지와는 거리가 먼 시즈오카(靜岡) 현의 세이켄지(淸見寺)에는 부자의 시가 현판으로 제작되어 나란히 대방장(大方丈)에 걸려 부자 상면의 감격을 오늘날까지 고스란히 전하고 있다.

　객전 구경을 마칠 즈음 세토우치 시 부시장이 우리 일행에게 조그마한 선물을 내민다. 가라코 오도리의 소동(小童) 모양을 본떠 흙으로 만든 휴대전화 고리용 인형이다. 먼 거리를 돌아 우시마도를 찾은 이방인들을 진심으로 환영하는 그들의 정성이 더욱 살갑게 느껴진다.

　객전을 나와 9차(1719년) 통신사행의 제술관 신유한이 『해유록』에서 언급한 바 있던 소철과 종려나무가 자태를 뽐내는 뜰을 지나 중문(中門)으로 향한다.

　혼렌지의 중문은 4개의 기둥과 용마루를 얹은 독특한 건축양식 때문에 1970년 국가 중요문화재로 지정되었다. 중문에 들어서니 『사행록』에서 "높이가 반공 중에 솟아 있다"고 묘사되고, 이성린(李聖麟)의 <사로승구도(槎路勝區圖)>에도 그려진 3간 4면, 높이 16m의 삼중탑(三重塔)을 만난다. 이 탑은 1690년에 건립된 것으로 해변에 우뚝 솟은 탑으로는 일본 내 유일한 것이다. NHK의 <일본의 전통>에 소개될 정도로 정제미를 갖춘

혼렌지 삼중탑

〈사로승구도〉에 묘사된 우시마도의 모습

것으로 1980년 오카야마 현 중요문화재로 지정되었다. 이외에 5간 4면의 본당(대웅전)을 비롯하여 번신당(番神堂) · 귀자모신당(鬼子母神堂) · 조사당(祖師堂) · 양조묘(兩祖廟) · 종루(鐘樓) 등도 있다. 그중에서 당시 사행원들의 눈길을 사로잡은 것은 삼중탑 뒤에 펼쳐진 바다를 배경으로 한 빼어난 풍광이었으리라.

3. 양국 문화교류의 마당, 오차야

삼중탑과 더불어 통신사가 남긴 족자, 심지어 뜰의 소철까지 옛 모습을 고스란히 간직하고 우뚝 서 있는 혼렌지. 그 모습을 보니 문득 7차(1682년) 통신사행부터 객관(客館)으로 사용되었던 오차야(御茶屋)의 존재가 궁금해진다.

우시마도의 오차야는 원래 1630년 오카야마 한슈의 보양을 목적으로 설립된 것으로, 7차 통신사행때부터 숙박지로 사용되었다.

숙박지가 혼렌지에서 오차야로 변경된 이유는 여유 있는 접대 공간 및 세토나이카이의 아름다운 경관 때문이다. 실제로 혼렌지는 사행록에 "절이 막혀 답답하였다"거나 "돌 층계가 벼랑에 걸려 있고, 절이 수풀 속에 숨어 있네" 등으로 묘사되듯 경관을 방해할 정도로 수목이 무성한 작은 절이었다. 그런데 오차야는 32장의 다다미를 깐 삼사향응방(三使饗應房)을 비롯하여, 18장의 상상관(上上官) 향응방, 15장의 상판사(上判事) · 학사(學士) · 의관(醫官) 등의 향응방 및 휴게실 · 변소 · 목욕탕도 갖춘 넓은 공간이었다. 당시 오차야의 풍경을 10차(1748) 통신사행의 종사관 조명채(曺命采)는 다음과 같이 그리고 있다.

관사는 바로 이 고을 태수의 다옥(茶屋)인데 수놓은 포장에 붉은 전(氈)으로 역시 다 화려하다. 전면에 문 하나가 있는데 나뭇조각으로 가는 비늘처럼 덮었고, 중방 머리에 조각하여 만듦새가 아주 공교하다. 또한 검게 칠한 널판장이 있는데, 위쪽 반은 파서 살창(箭窓)을 만들고 자주색 포장으로 가렸다. 말아 올리면 곧 바다 경치가 넓고 고요하여 마치 한강과 같다. 모래 여울에 두 점의 기이한 섬이 물 어귀에 벌여 서 있어, 때로 혹 갑자기 보면 문득 떠서 움직이는 듯하여 참으로 그림도 이만 못할 것이다.

－조명채, 『봉시일본시문견록』, 4월 17일

다른 사행록에도 오차야는 "천 칸쯤 되는 건물로 모기장과 병풍 족자며 잠옷과 목욕 때 입는 옷 등 혹 기록할 만한 것도 있고, 목욕실의 여러 기구와 변소의 시설은 그 형상을 말할 수 없는 지경"이라거나, "바닷물이 뜰에 담기는가 하면 산은 먹으로 그린 눈썹같이 둘러 있어 아주 아늑하고 경치 또한 빼어난 곳이었다"라고 묘사되어 있다. 이로 보아 객관을 혼렌지에서 오차야로 옮긴 오카야마 번의 의도가 제대로 통신사행에게 먹혀 들어간 셈이다.

한편 오차야는 통신사와 오카야마 번의 양국 지식인 사이에 문화교류의 장이기도 했다. 바닷길 노정에 속한 오카야마 번은 에도·교토·오사카 등의 대도시와 달리 고급문화를 향유하거나 직접적으로 이국 문화를 접할 기회가 적었다. 그러므로 그들에게서 통신사의 방일은 선진문화를 접할 수 있는 절호의 기회였다. 번에서 에도로 파견된 관리들조차 통신사와의 교류를 위해 우시마도로 돌아왔다. 그 대표적인 예가 최초로 『시경』과 『주역』의 고주본(古註本)을 출간했던 이노우에 란다이(井上蘭臺)이다. 그는 10차(1748년) 통신사를 상대하라는 번의 명을 받고 에도를 출발하여 무

오카야마 번교 터

시즈다니 학교의 전경

려 17개 지역을 돌아 18일 만에 우시마도에 도착했는데, 그때 자신의 여행 체험을 담아 『산양잡록(山陽雜錄)』을 출간하기도 한다. 게다가 오카야마 번의 호학적(好學的) 분위기도 문화교류를 활성화하는 데 기여했다. 오카야마 번은 1669년에 오카야마 번교(岡山藩校)를 개교하고, 1670년에 일본 최초의 서민학교인 시즈다니(閑谷) 학교도 열었는데, 통신사와 필담창화를 나눈 대부분의 문사는 모두 이들 기관의 교육을 담당했던 이들이다.

이처럼 통신사의 접대를 위해 에도에 파견되었던 관리나 지역의 유학자들이 총동원되었기에 우시마도는 그 어느 곳보다 교류가 활발하게 이루어졌다. 심지어 우시마도에 집결한 오카야마 번의 지식인들이 통신사 일행의 도착을 기다리는 한가한 시간을 틈타 서로 한시(漢詩)를 창화하여 『우창시조(牛牕詩藻)』로 엮어내기도 했다. 이는 다른 바닷길 노정에서는 예를 찾기 힘든 것으로 통신사행을 계기로 오카야마 지역 지식인 상호 간의 교류도 활발하게 진행되었음을 보여준다.

우시마도에서의 문화교류는 오차야에 숙소를 정한 후 더욱 활성화되었다. 당시의 풍경을 사행록은 다음과 같이 묘사하고 있다.

어린 왜인과 금왜(禁倭)들이 앞 다투어 모면지(毛綿紙)를 품고 와서 수없이 절을 하며 글씨를 써달라고 하므로 대략 응해주었는데 그 수가 그치지 않았다. 어떤 이는 먹을 갈아서 가져오고 어떤 이는 종이묶음으로 예의를 표하므로 각각 10자쯤 써서 사례했다. 기노 시게미(紀蕃實)와 다이라노 고켄(平公謙)이 주(州)의 관리 대여섯 명을 인솔하고서 등불을 밝힌 뒤에 뵙기를 청하였다. 비젠슈(備前州)의 장국사(掌國史) 시포직춘(市浦直春)은 호가 남죽(南竹)이고, 반궁문학(泮宮文學) 와다 쇼(和田邵)는 호가 일강(一江)이며, 주의 문학(文學) 이센(井潜)의 호는 사명(四明)이고, 세자시독(世子侍讀) 곤도 아쓰시(近藤篤)는 호가 서애

(西厓)이며 국학생(國學生) 가메야마 도쿠모토(龜山德基)는 호가 남창(南窓)이다. 곤도 아쓰시는 무진사행에 창화했던 자였다. 이 주의 선비들은 자못 문아(文雅)와 예모가 있었다. 가지고 온 문방구도 모두 정밀하고 좋았다. 종이는 중국산이 아니면 쓰지 않았다. 각각 먼저 율시 1편을 바치고 또 율시 1편을 첩운하므로 모두 화답해서 주었다. 이센이 100운 율시를 바치고 곤도 아쓰시가 72운을 바치므로 모두 뒤에 화답하겠다고 하니 "아름다운 평(評)을 얻는 것만으로도 영광이온데 어찌 감히 화답을 바라겠습니까?" 한다. 대개 이것은 저들이 애써서 얽어놓은 것이긴 해도 문자가 넉넉하고 전고가 해박하니 스스로도 쉽게 얻지 못하는 것이다. 그런데 손님을 위한 잔치에서 시를 창수하는 외에 다시 이런 대작을 내놓았으니 이것은 이전에도 없었던 것이다.

－남옥, 『일관기』, 1월 13일

이는 오카야마 민중들의 시서(詩書)에 대한 지대한 관심과 통신사 사행원들이 오카야마 지식인들의 시문창화 능력을 높이 평가하고 있음을 보여주는 대목이다. 실제로 통신사와 오카야마 번 문사들 간의 상호교류가 활발했음은 다른 지역보다 훨씬 많은 필담창화집의 존재에서도 확인된다. 곧 성완(成琬)과 오바라 젠스케(小原善助)가 중심이 된 『화한창수집(和韓唱酬集)』(1682년)을 비롯하여 『우창시(牛窓詩)』(1682년)·『우전창화시(牛轉唱和詩)』(1711년)·『상한창수집(桑韓唱酬集)』(1719년)·『무진사록(戊辰槎錄)』(1748년)·『사객평수집(槎客萍水集)』(1764년) 등이 그 예이다.

이 밖에 우시마도에서는 문사들 간의 시문창화 외에 인각(印刻)에 대한 교류도 이루어졌다. 이는 기존 연구에서도 도외시되었던 사실로 11차(1763) 통신사행에서였다. 1764년 1월 13일 객관에 모인 문사들 중 와다 세이사이(和田省齋)가 친구 나카 산미(中三實)가 스스로 파서 만든 75개 도장의 계보, 곧 인보(印譜)를 들고 와 제술관 남옥에게 서문을 청했다. 남옥은 그가 인학(印學)에 조예가 깊음을 한눈에 알아보고 기꺼이 서문을 지어주면서 세 서기를 비롯하여 자신의 도장을 새겨줄 것을 요청한다. 그로부터 약 4개월 후 국서전달의 사명을 마치고 다시 우시마도에 들렀을 때 사행원들은 나카 산미로부터 무려 24개의 도장을 선물 받게 되고 한결같이 최고의 선물에 감사하면서 편지와 선물을 전하게 된다.

이처럼 아름다운 교류의 역사를 간직했던 오차야는 오늘날 그 자취를 찾을 수 없다. 1871년 7월, 오차야는 그 존재의 의의를 상실한 뒤 1885년에 가가와 신이치(香川眞一) 씨에게 양도되었다. 그는 손상이 심했던 오차야를 없애고 그 자리에 건물을 신축했다. 그 후 1959년 다시 소유권은 금해염업주식회사(錦海鹽業株式會社)에 이전되어 오늘날에는 '금해염업주식회사 우창료(牛窓寮)' 란 작은 간판이 붙은 목조 2층 건물로 변해 있다. 양국 문사들이 어울려 한편으로 경쟁하면서 한편으로 우정을 나누었던 역사의 현장을 혼렌지처럼 눈으로 확인할 수가 없으니 아쉬운 마음 금할 길이 없다.

4. 가이유분카칸과 가라코 오도리

오차야에 대한 아쉬움을 뒤로 하고 혼렌지를 빠져 나와 바로 가이유분카칸(海遊文化館)으로 향한다. 가이유분카칸은 1992년 4월 기존의 <우시마도초 조선통신사자료관(牛窓町朝鮮通信使資料館)>(1988년)을, 전시물을 보다 충실하게 갖추어 재개장한 것이다. 자료관은 크게 단지리(山車) 전시실과 조선통신사 자료실로 구성되어 있다.

가이유분카칸

　입구를 들어서니 여직원들이 반겨 맞는다. 직원들이 머무는 창구에는 통신사를 소재로 한 책자에서부터 휴대전화 고리용으로 만든 조선통신사 소동 인형에 이르기까지 다양한 기념품들이 즐비하게 진열되어 있다. 먼저 단지리 전시실로 자리를 옮긴다. 단지리(山車)는 일본의 지역 축제 때 끌고 다니는 목조 수레를 말한다. 그런데 우시마도의 수레는 해양을 낀 항구도시답게 말이 수레이지 몸체는 모두 배 모양이다. 뱃머리는 용·사자·기린의 형상을 하고 있으며, 아랫면은 가을축제 때 손쉽게 끌고 다닐 수 있게 나무로 만든 바퀴를 달고 있다.

　단지리 전시실에는 총 8대의 단지리 가운데 동(東)부락의 동(東)단지리와 대항(大向) 부락의 당사자(唐獅子) 단지리 등 2대만 전시되어 있다. 동단지리는 뱃머리가 용의 형상을 한 길이 5.8m, 높이 3.1m, 폭 1.7m의 느티나무로 만든 것이다. 당사자 단지리는 뱃머리가 사자의 형상을 한 길이 5.8m, 높이 3m, 폭 1.9m의 노송나무로 만든 것이다. 그런데 단지리를 유심히 살펴보노라니 오밀조밀한 물체들이 눈에 들어오기 시작한다. 곧 동단지리에는 용과 마귀를 쫓는 도깨비 가면을 쓴 여인의 모습에서부터 봉황·사자·모란·멧돼지·말·잉어·거북·닭·소·사슴·소나무·무·돼지·토끼·학 등이, 그리고 당사자 단지리에는 사자·용·모란·소나무·물결·구름 등이 새겨져 있다. 정교하게 새겨진 문양에 입을 다물 수가 없다.

우시마도는 일찍부터 항구도시라는 이점 때문에 조선업이 발달했다. 그중에서도 특히 어선을 비롯한 소형 목조선을 중심으로 건조하여 번영을 누렸다. 전시실에 전시된 단지리들은 목조선을 중심으로 배를 건조했던 우시마도 조선업의 우수한 기술을 상징적으로 보여주는 중요 증거자료가 되는 셈이다. 그래서인지 오카야마 현은 1987년 이것들을 오카야마 현 중요유형민속문화재로 지정하게 된다.

단지리 전시실 구경을 마치고 나니 와카마쓰 주임이 비디오 시청이 있다고 하여 모두 마련된 자리에 앉았다. 다름 아닌 통신사행에 참여했던 소동들의 춤을 본떠 만들었다고 하는 '가라코 오도리(唐子踊り)'였다. 예전에는 조선통신사 전시실 한쪽에 비디오를 설치해 보여주었는데, 이젠 '가라코 오도리'에 대해 관심을 보이는 이가 많아 아예 영상시설을 두 대 갖추고 내방객들을 맞는다고 한다.

화면에는 머리에 원추형의 붉고 푸른 모자를 쓴 초등학생 정도의 소년 둘이 나타났다. 그들은 주황색 바탕에 노랑·검정·빨강색 테두리가 겹겹이 싸인 윗옷에, 바지는 위아래 모두 고무줄로 처리된 이른바 '몸뻬바지' 모양을 하고 있다. 갑자기 화면 속 소년들의 모습과 내 머리 속에 갈무리되어 있던 2003년 10월 26일 '가라코 오도리'의 실제 공연모습이 겹쳐지기 시작한다.

숙소를 황급히 빠져 나와 일본인 친구와 함께 자가용을 타고 우시마도로 향한다.

매년 10월 넷째 주 일요일이 되면 작은 고장인 우시마도에 일본인의 이목이 집중된다. 바로 오카야마 현 지정 중요문화재인 '가라코 오도리'가 행해지기 때문이다. 이것은 곤노우라(紺蒲) 부락의 야쿠(疫) 신사 가을축제 때 신에게 바치는 소년들의 춤으로 오카야마를 대표하는 민속예능이다.

우시마도에 도착하니 벌써 축제분위기가 만연하다. 골목마다 비룡(飛龍) · 사자 · 기린의 모양을 한 단지리가 저마다 위용을 자랑하며 서 있다. 그 곁엔 유카타(浴衣)를 곱게 차려 입은 주민들이 단지리를 치장하느라 손길이 분주하다. 행사장인 야쿠(疫) 신사를 들어서니 우리의 성황당에서 엿볼 수 있는 금줄이 여기저기 설치되어 있다. 공연이 펼쳐지는 작은 뜰은 전국에서 모인 취재진과 관광객들로 발 디딜 틈이 없다.

곧이어 환호성이 울리는가 했더니 이마에 붉게 십자를 그은 무동 두 명이 청년의 어깨에 목말을 탄 채 신사의 계단을 오른다. 그 모습이 우리네 남사당패들이 어린아이를 목말 태우는 모습과 흡사하다. 이들 무동들은 곤노우라 부락에서 양친이 건재한 6, 7세의 소년 가운데 두 명이 선발되는데 12세가 되면 교체한다고 한다. 오늘은 아직 나이가 어린데도 불구하고 한 소년의 몸무게가 55kg이 되는 바람에 할 수 없이 교체한다고 하여, 운 좋게 교체의식까지 관람할 수 있게 되었다.

뜰에 깔린 돗자리에 무동들이 내려서자 주위에 피리와 북을 연주하는

가라코 오도리 행사장면

'하야시카타(囃子方)'가 자리를 잡는다. 앞줄에는 '사키오도리(先踊)'라 불리는 전임 무동이 가문의 문장(紋章)이 새겨진 전통 상의인 '몬즈키하 오리(紋付羽織)'와 하의인 '하카마(袴)'를 입고 앉았다. 뒷줄에는 화려한 색상의 옷을 입은 후계자들이 한쪽 무릎을 세우고 앉았다. 이어 무동이 인 사말을 하고 일어나 하야시카타가 "휴호이" 하며 북·피리를 연주하는 것을 신호 삼아 춤을 추기 시작한다. 무동들은 중간 중간 "헤이야", "오시 네"와 같은 소리를 지르면서 조금은 느리면서도 단조로운 춤을 약 8분 정 도 추는데, 신윤복의 <검무도(劍舞圖)>를 연상시킨다는 재일학자 이진 희(李進熙) 선생의 지적이 정확하다고 느껴진다. 이 의식은 야쿠진자에서 1회 더 공연한 뒤에 천신사(天神社)와 약사당(藥師堂)을 거쳐 신공 황후(神

功皇后)가 옷을 걸쳤다는 요괘암(腰掛岩)에 이르러 공연을 마무리한다.

가사의 의미를 전혀 알 수 없는 이 춤의 기원에 대해 삼한 기원설, 중국 기원설, 자체 창작설, 통신사 기원설 등 다양한 견해가 있다.

삼한 기원설은 신공 황후가 삼한에서 개선할 때 곤노우라에서 쉬었는데 그때 데리고 온 동자로 하여금 고향의 춤을 추게 하여 무료함을 달랬다는 것이다. 중국 기원설은 춤의 이름이 '唐子踊'임을 고려하여 당(唐)나라의 춤에서 유래했다고 보는 것이다. 자체 창작설은 통신사의 소동들이 추는 춤을 본 곤노우라의 주민들이 뱃노래 중 당인(唐人) 노래를 빌리고 신악(神樂)에 쓰는 북과 피리로 반주하면서 만들었다는 것이다. 그리고 통신사 기원설은 수행원 중 소동(小童)들이 추는 춤을 그대로 모방했다는 견해이다.

이 가운데 대체로 통신사 기원설이 유력하게 받아들여지고 있다. 특히 니시야마 히로시(西川宏)와 이진희는 '히이야'라고 하는 장단이 조선어이고, 옷이 조선시대 무관(武官)의 복색이며, 바지 역시 한국 바지와 닮은 점에 주목한다. 그리고 가사 중에 '오신다'의 뜻인 "오숀네"가 자주 나올 뿐 아니라 모자 전체에 조선시대의 대표적인 문양인 비운문(飛雲紋)이 새겨져 있다는 점도 들어 통신사 기원설을 강력하게 주장하고 있다. 한편에서는 통신사가 십 수년 만에 한 번 기항했고, 민중과의 접견이 제한되어 습득이 원천적으로 봉쇄된 점, 그리고 곤노우라가 우시마도 항구로부터 꽤 떨어져 있다는 것으로 통신사 기원에 대해 의문을 제기하는 견해도 있다.

하지만 분명 '가라코 오도리'는 조선의 통신사와 관련된 춤으로 보는 것이 옳다.

그 이유는 첫째로, 곤노우라 부락이 고대 조선으로부터의 염색기술자가 이주한 지역이라는 점이다. 민중과의 공식적인 접견은 허용되지 않았지만 "배를 몰아 포구에 도착하니 예선(曳船)과 관광선이 바다 가운데 가득하여 육지와 같았고, 구경하는 남녀가 뒤 언덕에 나열하여 사람산과 같다"는 기록이 있는 것으로 보아 사행원들과 민중 간의 어느 정도 접촉은 있었던 것으로 보인다. 게다가 곤노우라 부락의 한반도 도래인의 후손들은 조상의 나라로부터 도착한 통신사에 대한 느낌이 남달랐을 것이다. 그래서 조선 소동의 춤은 곧 민족의 전통무용으로 각인되어 이를 익히는 데 적극적인 태도를 유지했던 것이다. 따라서 십 수년 만의 방문이라는 시간적인 거리와 우시마도 항구로부터 꽤 떨어져 있다고 하는 공간적 거리는 전혀 문제가 되지 않았을 것으로 추측된다.

둘째로, 통신사행에는 약 15명 내외의 '소동'이 있었다. 이들은 심부름을 비롯한 잡일을 하거나 일본인들의 요청에 의해 휘호를 하며, 여행의 무료함을 달래기 위해 춤과 노래도 한 것으로 나타나기 때문이다. 예를 들어 신유한은 "악공으로 하여금 북을 치고 피리를 불게 하고 두 동자를 맞세워 춤을 추게 하니 여러 왜인이 구름처럼 모여들었다"거나, "동자는 채색 적삼을 입고 마주서서 춤을 추는데 궁녀와 같았다"고 그 광경을 묘사하고 있다. 게다가 1811년 사행의 군관 유상필(柳相弼)은 "즉시 풍악을 베풀도록 하고 춤을 잘 추는 소동으로 하여금 전립(戰笠)을 쓰고 쾌자(快子)를 입고 춤을 추게 하니 에도(江戶)의 사신들과 섬사람들이 칭찬하지 않는 자가 없었다"라고 적고 있다. 곧 당시 소동의 춤이 오늘날 '가라코 오도리'의 옷차림, 북과 피리가 곁들여진 대무(對舞) 형식이라는 공연 분위기와 그리 다르지 않다.

마지막으로 '가라코 오도리'가 베풀어지는 똑같은 날에 인근 아야우라(綾浦) 부락의 씨신어영사(氏神御靈社) 가을축제에는 '다치오도리(太刀踊り)'가 베풀어진다는 사실에도 유의할 필요가 있다. 이는 큰 북[大太鼓]

을 두드리는 1인, 목검(木劍)을 든 남녀 각각 2인 등 총 5인이 벌이는 일종의 검무(劍舞)로, 일본 전역에서 두루 볼 수 있는 예능이다. 따라서 소동들이 주로 민가에 분숙(分宿)했음을 고려할 때 통신사의 소동들이 펼치는 춤에 대한 우시마도 측의 답례춤이 바로 '다치오도리'였을 가능성도 무시할 수 없다. 만약 그렇다면 우시마도의 '가라코 오도리'와 '다치오도리'는 통신사를 통한 양국 민속문화의 교류를 반영하는 상징물이 되는 셈이다.

영상물의 방영이 끝났음을 알리는 박수소리에 깜짝 놀라 3년 전의 추억에서 벗어나 조선통신사 자료실로 발걸음을 옮긴다. 통신사 행렬을 모형으로 만든 전시물에서 <초량왜관도>와 이성린의 <사로승구도>에 이르기까지 통신사에 관한 다양한 자료들이 잘 정리되어 있다. 다시 입구 쪽으로 나오니 놀랍게도 통신사 정사가 우리를 맞이한다. 바로 답사 일정 내내 활기찬 활동으로 피로에 지친 심신을 풀어주셨던 의성신문사 권혁만 사장을 비롯한 의성 분들이다. 이들은 전시실 한쪽에 마련된 통신사 복장을 입고 기념촬영을 하고 있었다.

5. 일본의 에게 해, 아름다운 전망의 올리브 농원

답사 일행은 때 아닌 통신사의 부활로 잠시 떠들썩했던 가이유분카칸을 나온다. 세토우치 시 관용차의 에스코트를 받으며 1942년 개설되어 연간 10톤 가량을 수확한다는 우시마도의 명소 '올리브 농원'을 향한다. 2,000여 그루의 올리브 나무가 약 10ha 넓이의 햇볕이 잘 드는 경사면에 곱게 펼쳐진다. 우시마도는 연평균 기온이 16.6℃, 강우량은 1,000mm로 지중

올리브 농원에서 본 우시마도 전경

해성 기후에다 일조량도 많고 기온이 따뜻해서 올리브나무가 자라기에
적합한 지역이다. 우시마도가 '일본의 에게 해'로 부르게 된 계기는 이와
같은 지형적 특성에다, 1982년 일본이 그리스와 국제우호관계를 맺은 후
에게 해 레스포스 섬의 미트리니 시와 교류관계를 맺으면서부터이다.

우시마도에서 제일 높은 지대에 있는 올리브 농원의 전망대에 오르니
우시마도 지역과 코발트 빛 세토나이카이(瀨戶內海)가 한눈에 들어온다.
세토나이카이는 시코쿠(四國) 북부와 산요도(山陽道)를 연결하면서 규슈
동부 바다에까지 이르는 일본 열도 최대의 내해이다. 동서 약 450km, 남북
15~55km, 평균 수심 37.3m로 대양으로부터 봉쇄되어 풍랑이 많지 않아 항
행(航行)에 적당한 지리적 조건을 갖추고 있어 통신사의 주된 바닷길 노정

이기도 했다. 해상에는 일곱 개의 크고 작은 섬이 떠 있다. 그 한쪽에는 요트들이 아테네의 영웅 테세우스 왕자의 명령을 기다리는 병사처럼 하얀 돛을 달고 도열해 있다. 그야말로 한 폭의 아름다운 풍경화로 '일본의 에게 해'라는 게 아전인수가 아닌 것이 분명했다. 정말 심신에 지친 영혼들이 푹 쉬기에 이만한 곳이 있을까?

오른쪽 섬을 찬찬히 살펴보니 길게 뻗어 땅바닥에 얼굴을 대고 있는 개 모양의 섬이 보이기 시작한다. 방향을 가늠할 수 있는 안내판을 살펴보니 통신사 사행록에 심심찮게 등장하던 유명한 '이누지마(犬島)'이다. 옛날 교토에서 큰 공사가 있었을 때 인부 만 명이 이 돌을 옮기려 했지만 실패했다. 화가 난 인부들은 머리 부분을 때렸는데 귀 끝이 깨지면서 피가 흘러 내려 모두 이상하게 생각했다는 그 섬이다. 7차(1682년) 통신사행에 역관으로 참여한 홍우재가 이 섬을 보고 "늙은 삽살개가 쭈그려 앉아 있는 것 같다"라고 표현했는데, 아닌 게 아니라 축 늘어진 것이 영락없는 늙은 삽살개 모양이다.

폭염 속에 강행된 빠듯한 일정 때문이었을까, 아니면 상대적으로 너무도 여유롭고 한가한 에게 해의 풍광 때문이었을까. 나른함이 엄습해 오기 시작한다.

6. 주민과 함께 호흡하는 21세기 통신사

통신사를 통한 문화교류는 단지 에도 시대에만 국한된 과거의 역사적 사실이 아니다. 오늘날에도 오카야마 현의 시민들은 통신사가 머물렀던 흔적을 소중히 여기고 이를 가꾸는 작업을 꾸준히 이어가고 있다. 통신사 박물관인 가이유분카칸(海遊文化館), 통신사 소동의 춤을 자신의 민속행사에 수용한 가라코 오도리(唐子踊り), 통신사 관련 자료들이 잘 정리되어 있는 오카야마 대학의 이케다(池田) 문고 등이 이를 뒷받침해준다.

특히 이케다 문고에는 1682년부터 1811년에 걸친 통신사 관련 기록이 있는데, 그중 흥미로운 것은 우시마도에서의 통신사 접대에 대해 상세하게 기록하고 있는『조선인어용유장(朝鮮人御用留帳)』이다. 이 기록에 따르면 오카야마 번에서는 접대 책임을 맡은 이가 통신사가 서울을 출발하기도 전에 우시마도에 도착하여 준비에 만전을 기한 것으로 나타난다. 곧 9차(1719년) 사행의 경우 오차야 외에 44채의 민가를 빌리고 943척의 배를 준비했으며, 3,855명의 선장과 어부, 756명의 접대역인을 징발한 것으로 나타난다. 게다가 오카야마 현은 1719년 통신사 관련기록 26점 중 7점을 가려『오카야마 현사(岡山縣史)』에 처음으로 게재했다. 이는 해방 후 통신사 접대기록이 일본 현사에 처음 게재된 것으로, 통신사에 대한 오카야마 현 시민들의 애정을 엿보게 한다.

이 밖에도 우시마도는 일찍부터 통신사와 관련된 행사를 활기차게 벌여왔다. 1654년 6월에 통신사에게 맛있는 차를 대접하기 위해 팠던 우물을, 1877년에 다시 재보수를 해서 역사적 사실을 기록할 만큼 통신사에 대한 주민들의 애정은 남다른 편이다. 그리고 1985년에는 통신사가 우시마도에 도착한 350주년을 맞이하여 1643년 사행에 종사관으로 참여한 신유(申濡)의 10대손 신병식(申柄植) 씨를 초대하여 '조선통신사 우시마도 기항(朝鮮通信使牛窓寄港) 350주년' 기념식을 거행했다. 그리고 매년 11월 셋째 일요일에는 '遊・SEA・牛窓페스티벌'을 개최하여 그 속에 주민들이 중심이 된 조선통신사 행렬을 벌이고 있다. 특히 조선통신사 행렬은 주민

에게 해 페스티벌 출연진의 모습

100여 명이 한복을 차려입고 전통 부채와 소고(小鼓)로 치장을 한 채 시가를 통과하는 것이다. 3년 전 이 행사를 직접 살필 기회가 있었는데, 10년이 지나 빛이 바랜 한복을 입고서도 연신 행복한 미소를 머금고 있었던 그들의 해맑던 얼굴이 지금도 눈에 선하다.

통신사를 통한 오카야마에서의 양국 문화교류는 공식적으로는 1764년을 기준으로 막을 내렸다. 하지만 오카야마 현은 통신사와의 인연을 오늘날에도 한국의 여러 도시들과 자매결연 사업을 통해 꾸준히 펼치고 있다. 곧 오카야마 시가 2002년 2월 26일에는 경기도 부천시와 '우호도시' 관계를, 히비(日比)가 속한 다마노(玉野) 시는 1981년 8월 3일 경남 통영시와 자매결연을, 그리고 우시마도가 속한 세토우치 시는 2005년 11월 12일 밀양과 가(假)결연 관계를 맺었다.

부천시는 예로부터 유명한 소사복숭아 산지로서 시목(市木), 시화(市花), 시과(市果)를 모두 복숭아로 정하고 있어 '모모타로(桃太郎) 이야기'로 대표되는 복숭아 산지인 오카야마와 친연성이 깊을 수밖에 없다. 히비가 속한 다마노시는 지금도 조선(造船)의 도시인 만큼 조선시대 통신사의 배 — 좌선(座船) 3척과 복선(卜船) 1척 — 를 건조했던 통영과 밀접한 관계를 지닌다. 그리고 밀양시는 1604년 탐적사(探賊使)의 임무를 띠고 일본으로 건너가 도쿠가와 이에야스를 만남으로써 통신사 교류의 길을 연 사명대사의 출생지로서의 인연이 깊은 곳이다. 게다가 오카야마 상과대학 부속고등학교가 1983년부터 수학여행 코스로 한국을 선택한 이래, 최근까지 오카야마 시내 9개 고등학교가 수학여행 코스로 한국을 정기적으로 방문하고 있기도 하다.

이처럼 오카야마의 우시마도는 국제교류가 드물었던 에도 시대뿐만 아니라 오늘날까지 조선통신사가 지녔던 사람과 사람이 엮어가는 문화교류의 정신을 고스란히 간직한 보물창고로서의 역할을 충실히 수행하고 있는 것이다.

책을 펴는 데 힘 쏟은 사람들

필자   강남주(조선통신사문화사업회 집행위원장, 문학박사)

강태원(대구과학고등학교 교사, 2005 한일공통역사교재 『조선통신사』 제작 참여)

고다마 가이소(兒玉戒三)

(日本, 고등학교 퇴직교사, 2005 한일공통역사교재 『조선통신사』 제작 참여)

김문식(단국대학교 사학과 교수)

최화수(국제신문 논설고문, 동아대학교 초빙교수)

한태문(부산대학교 국어국문학과 교수, 조선통신사학회 총무이사)

번역   차주호(부산경상대학 관광일어과 교수)

기획총괄 김경화(조선통신사문화사업회 사무국장)

탐장진행 송수경(조선통신사문화사업회 대리)

조선통신사 옛길을 따라서

ⓒ부산문화재단, 2014

www.tongsinsa.com

엮은이_ 부산문화재단
펴낸이_ 김종수
펴낸곳_ 도서출판 한울
편집_ 김경아

초판 1쇄 발행_ 2007년 4월 20일
초판 3쇄 발행_ 2014년 3월 31일

주소_ 413-756 경기도 파주시 광인사길 153 한울시소빌딩 3층
전화_ 031-955-0655
팩스_ 031-955-0656
등록번호_ 제406-2003-000051호

Printed in Korea.
ISBN 978-89-460-4845-4 03910

* 책값은 겉표지에 표시되어 있습니다.